高等法律职业教育系列教材
审定委员会

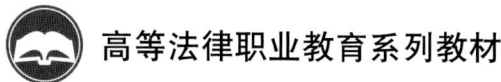

高等法律职业教育系列教材

刑事侦查技术实验教程

XINGSHI ZHENCHA JISHU SHIYAN JIAOCHENG

主　编○李亚可　王　亮

副主编○周亚萍　周小凤

撰稿人○（以撰写内容先后为序）

王　亮　李亚可　周小凤

周亚萍　曾德梅

中国政法大学出版社

2020·北京

图书在版编目（ＣＩＰ）数据

刑事侦查技术实验教程 / 李亚可，王亮主编. —北京 ：中国政法大学出版社，2020.12
ISBN 978-7-5620-9757-0

Ⅰ. ①刑… Ⅱ. ①李… ②王… Ⅲ. ①刑事侦查－技术－高等学校－教材 Ⅳ. ①D918.2

中国版本图书馆CIP数据核字(2020)第232035号

出 版 者　中国政法大学出版社

地　　址　北京市海淀区西土城路 25 号

邮　　箱　fadapress@163.com

网　　址　http://www.cuplpress.com (网络实名：中国政法大学出版社)

电　　话　010-58908435(第一编辑部) 58908334(邮购部)

承　　印　北京鑫海金澳胶印有限公司

开　　本　787mm×1092mm　1/16

印　　张　9.75

字　　数　191 千字

版　　次　2020 年 12 月第 1 版

印　　次　2020 年 12 月第 1 次印刷

印　　数　1~5000 册

定　　价　36.00 元

总序
Preface

　　高等法律职业化教育已成为社会的广泛共识。2008 年，由中央政法委等 15 部委联合启动的全国政法干警招录体制改革试点工作，更成为中国法律职业化教育发展的里程碑。这也必将带来高等法律职业教育人才培养机制的深层次变革。顺应时代法治发展需要，培养高素质、技能型的法律职业人才，是高等法律职业教育亟待破解的重大实践课题。

　　目前，受高等职业教育大趋势的牵引、拉动，我国高等法律职业教育开始了教育观念和人才培养模式的重塑。改革传统的理论灌输型学科教学模式，吸收、内化"校企合作、工学结合"的高等职业教育办学理念，从办学"基因"——专业建设、课程设置上"颠覆"教学模式："校警合作"办专业，以"工作过程导向"为基点，设计开发课程，探索出了富有成效的法律职业化教学之路。为积累教学经验、深化教学改革、凝塑教育成果，我们着手推出"基于工作过程导向系统化"的法律职业系列教材。

　　《国家中长期教育改革和发展规划纲要（2010～2020 年）》明确指出，高等教育要注重知行统一，坚持教育教学与生产劳动、社会实践相结合。该系列教材的一个重要出发点就是尝试为高等法律职业教育在"知"与"行"之间搭建平台，努力对法律教育如何职业化这一教育课题进行研究、破解。在编排形式上，打破了传统篇、章、节的体例，以司法行政工作的法律应用过程为学习单元设计体例，以职业岗位的真实任务为基础，突出职业核心技能的培养；在内容设计上，改变传统历史、原则、概念的理论型解读，采取"教、学、练、训"一体化的编写模式。以案例等导出问题，根据内容设计相应的情境训练，将相关原理与实操训练有机地结合，围绕关键知识点引入相关实例，归纳总结理论，分析判断解决问题的途径，充分展现法律职业活动的演进过程和应用法律的流程。

法律的生命不在于逻辑，而在于实践。法律职业化教育之舟只有驶入法律实践的海洋当中，才能激发出勃勃生机。在以高等职业教育实践性教学改革为平台进行法律职业化教育改革的路径探索过程中，有一个不容忽视的现实问题：高等职业教育人才培养模式主要适用于机械工程制造等以"物"作为工作对象的职业领域，而法律职业教育主要针对的是司法机关、行政机关等以"人"作为工作对象的职业领域，这就要求在法律职业教育中对高等职业教育人才培养模式进行"辩证"地吸纳与深化，而不是简单、盲目地照搬照抄。我们所培养的人才不应是"无生命"的执法机器，而是有法律智慧、正义良知、训练有素的有生命的法律职业人员。但愿这套系列教材能为我国高等法律职业化教育改革作出有益的探索，为法律职业人才的培养提供宝贵的经验、借鉴。

2016 年 6 月

前 言
Foreword

　　在我国目前的法学类的职业教育体系中，较普遍地存在理论与实践脱节的现象，学生在毕业后难以在短期内适应法律实务部门的工作。近年来，法律职业教育中的实验实践性教学环节的重要性越来越受到重视，为此我们在教学活动中增加了实验教学环节。实验教学是高等院校教学工作的一个重要组成部分，在人才培养过程中显现出越来越重要的作用。学生在实验教学中直接面对将来的工作环境与工作要求，促使学生将所学理论知识运用于实务之中。实验教学活动为学生提供充分的动手操作机会，可以使学生系统掌握分析案情、收集证据的能力。同时，实验教学活动是以学生主动学习的形式开展的，学生有一定的主导地位，这样的教学活动方式既能提高学生主动学习的积极性，又能增强师生互动，更能反向促进专业教师提升教学水平，激励教师去积累和掌握丰富的实践经验和相应的专业技能。

　　当前，刑事犯罪形势日趋严峻，犯罪数量不断增加，特别是犯罪成员职业化的趋势，犯罪手段多样化、智能化、技能化等现实，迫切需要一支政治素质高、业务能力强的刑事侦查队伍。同时，侦查队伍的现代化、正规化建设，也亟待一批知识、素质、能力、结构协调发展的实用型专业人才进行充实。在就业形势严峻、岗位竞争十分激烈的今天，高等院校毕业生能否适应侦查实际工作的需要，能否完成学生与侦查工作岗位人才需求的对接，核心问题就在于人才培养模式及教学模式是否符合高等院校人才培养规律。

　　法学实验教学应当以培养学生的法治理念、实践创新能力和提高法律职业素养与技能为宗旨，同时要以高素质实验教学队伍和完备的实验教学条件为保障，融知识传授、能力培养、素质提高为一体，通过实验教学培养学生探寻法律事实的能力、法律实务操作能力和综合表达能力，培养学生的法律思维能力与创新思维能力，最终实现法律知识、法律能力、法律职业伦理和法律人格四者的统一。

我院历来重视实验教学活动在法律职业教育和法律人才培养中的重要地位。近年来，学院鼓励改善教学实训条件并给予资金和政策支持，这使得实训室建设成为可能。同时学院有空余场地进行改造转型升级，这为实训室解决了场地缺乏的困境。刑事侦查技术实训中心设在广东司法警官职业学院旧行政楼六层，实训中心包括智能预审实验室、情报研判实验室、图像处理实验室、痕迹检验与文书检验实验室、模拟犯罪现场实验室，另外与其他专业共用的实验室有测谎实验室、心理测评室、生物反馈实验室、三维仿真检索实训室、模拟监狱等。具体实训环境为：5000 多平方米实训场地，价值超过 300 万元的实训设备。学生可通过实训或实验，进一步把握及提升现场勘查、侦查讯问、痕迹检验、文书检验、图像处理及情报研判等方面的知识与技能，熟悉侦查及鉴定的工作过程。

本书由李亚可、王亮任主编，周亚萍、周小凤任副主编，曾德梅参编。

具体写作及分工如下（以撰写内容先后为序）：

王亮：第一部分；

李亚可：第二部分；

周小凤：第三部分；

周亚萍：第四部分；

曾德梅：第五部分。

李亚可对全书进行了修改、统稿和整理。

必须指明的是，编者在编写本教材的过程中，参阅了众多同行专家、学者们的实训教程，在此，向他们致以我们最为诚挚的谢意。本教材得以顺利出版，得益于以上巨人肩膀的衬托，同时也离不开中国政法大学出版社、广东司法警官职业学院的大力支持与密切合作，在此一并表示感谢！由于编者水平所限，实验流程设计及项目安排难免粗糙和疏漏，恳请予以批评指正。

编　者

2020 年 6 月 18 日

目 录
Contents

第一部分
刑事侦查技术实验基础指南

项目一　实验的教学功能和教学目的

教学功能

　　法律人才的职业性特点，决定了法学实验实践性教学在法学教育中的不可或缺的地位，实验教学应当成为与理论教学紧密衔接、相互促进的教学内容与环节。基于这一理念，我们在进行课程教学时，始终将实验教学贯穿于理论教学之中，突出实验教学的地位和功能，实现理论教学与实验教学的有机结合。在理论教学基础上，通过法学实验教学进一步深化学生对法学专业知识的理解，训练学生法律实践技能，强化对学生的法律职业伦理教育，塑造法科学生的法律人格，从而实现法律人才素质的法律知识、法律能力、法律职业伦理和法律人格四者的统一。

　　法学实验教学改革应当以培养学生法治理念、实践创新能力和提高法律职业素养与技能为宗旨，以高素质实验教学队伍和完备的实验教学条件为保障，融知识传授、能力培养、素质提高为一体，通过实验教学培养学生探寻法律事实的能力、法律实务操作能力和综合表达能力，培养其法律思维能力与创新思维能力。然而，在我国的法学教育中，较普遍地存在理论与实践脱节的现象，导致学生难以在短期内适应法律实务部门的工作。近年来，法学教育中的实验实践性教学环节越来越受到法学教育界的重视，教育部"教学质量与教学改革工程"中开展的国家级法学实验教学中心的建设就清楚地表明了这一点。

教学目的

　　本专业有特有的实训中心——刑事侦查技术实训中心，该中心设在广东司法警官职业学院旧行政楼六楼，实训中心包括智能预审实验室、情报研判实验室、图像处理实验室、痕迹检验与文书检验实验室、模拟犯罪现场实验室，另外与其他专业共用的实验室有测谎实验室、心理测评室、生物反馈实验室、三维仿真检索实训室、模拟监狱等，实训场地总面积达到 5000 多平方米，拥有价值超过 300 万元的实训设备。学生可通过实训或实验，进一步把握及提升现场勘查、侦查讯问、痕迹检验、文书检验、图像处理及情报研判等方面的知识与技能，熟悉侦查工作及司法鉴定的过程。同时，经主管部门广东省司法厅协调，学院在广东省从化监狱、广东省高明监狱、广东省惠州监狱、广州市公安局刑侦支队技术研究所、英德市公安局等多家监所、公安机关建立了刑事侦查技术专业校外实训基地。校外实训基地的建设，能保障该专业狱内侦查、犯情分析、现场勘查、综合实训、顶岗实习、毕业实习等相关项目的开展。

校内外各实训基地设施齐全，为学生实现教学与实习结合提供了良好的条件，学生可实行"教学实训+顶岗实习"的实习模式。同时，实训基地指导老师学历较高，既有相当的理论水平，又具有丰富的侦查工作经验，为学生实践技能的培养提供了保障。除此之外，学院及系部正在不断拓展教学合作单位，包括广东警官学院、李昌钰鉴识学院等，希望通过整合全面的侦查技术资源，培养符合社会需求的刑事侦查技术专业的人才。通过法学实验教学，我们力求达到如下目标：

1. 促进法学理论与实践相结合。通过实验教学，学生将直接面对将来的工作环境与工作要求，促使学生将所学理论知识运用于实务之中，从而使学生在校时就具备适应未来从事法律工作所必需的心理素质、知识结构和操作能力。

2. 构建模拟法律职业环境，为学生提供充分的动手操作机会。通过建立仿真实验环境，学生在分析案件事实、收集证据、人际交往和沟通、起草法律文书等技能方面的训练得到强化，从而培养学生从事法律职业所需要的专业技能。

3. 提供师生互动平台，变"填鸭式"教学为学生主动学习。实验教学是以学生主动学习为基础展开的，在实验教学模式下，学生也被赋予了一定的责任，在实验过程中，学生可以同指导教师就实验中遇到的问题进行无障碍的沟通。

4. 提高师资队伍的教学水平。要进行法学实验教学，仅有书本知识而没有丰富的实践经验是远远不够的，这就要求指导教师必须深入法律实务部门，掌握相应的专业技能。实践经验的丰富，无疑可以帮助教师更好地讲授相关法律专业知识，促进教学水平的提高。

从实验教学的空间来看，包括校内实验和校外法律实践两大部分；从实验教学的性质来看，包括基础型实验（如课程实验）、综合型实验（如专项实验、仿真实验）和法律实践（如见习、实习等）三个层次；从实验教学的类型来看，主要由法庭科学的实验课程组成，包括侦查学、物证技术鉴定等。通过近几年的努力建设和广大教师的辛勤劳动，学院实验项目体系建设取得了较为丰硕的成果，刑事侦查技术专业有比较充裕的建设经费，其中主要建设经费来源于财政核补拨款和办学教育收费。2015～2017 年，学院拟每年投入约 50 万元用于专业建设。目前学院已拥有可支持刑事侦查技术专业教学的专业仪器设备，总价值超过 200 万元。该专业具有丰富的图书资源，其中与本专业相关的自编教材共有 5 本，分别是《狱内侦查工作实务》《物证技术实务》

《侦查讯问》《刑事侦查实务》《犯罪现场勘查》，另外《侦查策略与措施》《犯罪情报分析》《侦查学原理》等自编教材也编写完毕待出版。我们也希望能够得到广大从事法学教育特别是从事法学实验教学的专家、学者的鼓励、批评和指正。

项目二　实验的教学方法和基本要求

教学方法

侦查学是研究犯罪活动与侦查活动及其相互关系的综合性应用学科。其学科性质基本属于社会科学范畴，是由多学科交叉融合而产生的新兴学科，涉及法学、犯罪学、社会学、政治学、心理学、管理学、信息科学和技术等学科方面的内容，需要社会科学、人文科学和自然科学所构建知识平台的支撑，具有综合性、实践性和操作性学科特征，其任务就是研究预防、控制和查处犯罪的理论和技术方法，以实现维护国家安全和社会稳定的目标。马克思辩证唯物主义与历史唯物主义是侦查学研究的基本指导思想，社会科学研究中广泛使用的思辨方法和自然科学研究中行之有效的实证方法则是侦查学研究的具体方法，调查、实验和文献研究与实地考察研究为侦查学研究的主要范式。通过思辨方法的抽象推理，推导出侦查学基本理论和知识，丰富和发展侦查学科的独立品质内容；通过实证方法，认识、分析、评估、判断、预测犯罪行为与侦查行为的客观效果，为遏制犯罪行为与调整侦查行为提供参考依据和指导性意见。可见，侦查学科的建设是侦查学专业办学的基础，也是侦查工作长远发展的基础。

1. 案例分析教学法。在理论教学中，教师会选择与司法实践紧密结合的案例进行讲解，传授理论知识的同时帮助学生理解司法实践的具体情形，强调教学的生动性的同时提高学生的学习兴趣并掌握犯罪案件的分析方法。

2. 课堂讨论法。通过小班分组开展侦查实验、辨认、调查访问等相关案例讨论并制作讨论报告，鼓励学生集思广益，相互启发，加深理解，提高学生学习的积极性和主动性，培养学生的专业思维和基本能力。

3. 情景教学法。通过视频资料学习侦查实验、侦查讯问、物证技术等课程内容，使学生更易掌握正确的执法和取证的基本技能，便于实践中的综合运用。这不仅能激发学生的学习兴趣，提高专业技能，还能培养法律操作技术规范素养。

4. 模拟仿真教学法。如在校园环境里模拟外线侦查的跟踪盯梢、守候监视等，从而增强实践色彩，体验犯罪现场临场氛围，检验学生操作技能，在仿真的情境下更好地掌握犯罪预防技巧和侦查实操技能。

5. 角色扮演法。如通过设置劫持人质之后的情景，按照"情景设计—确定角色—演示—讨论—小结"等环节，让学生亲身体验角色的心理、态度、情境，提高学生洞察能力，培养学生解决问题的技能和思维。

6. 任务驱动法。教师设定监狱内具体问题的处置等开放性论题，寻找专业知识和实际问题的结合点，通过向学生布置相关任务的形式把教学目标和教学内容有机结合在一起，让同学们分组对相关问题进行查阅资料、分析和解决问题，掌握知识，使学生置身于提出问题、思考问题、解决问题的动态学习过程中。

7. 现场教学法。学生亲自到校外实训基地或相关场所实地学习，参加社会实践活动，教师临场指导，通过亲身体验角色的心理、态度、情境，提高学生观察能力和实操能力，培养学生解决问题的技能和思维。

基本功能

侦查学实验教学在内容的总体安排上，包括基本实验技能的训练、观察性实验、分析性实验、验证性实验、综合性实验和现场勘验、犯罪痕迹发现、固定、提取技术的演示等。因此，侦查学实验课程具有以下教学功能：

一、培养学生动手能力的功能

侦查实验教学是培养学生动手能力，激发学生创新精神的重要手段，也是实验教学最基本的功能。侦查实验教学，虽然是整个刑事侦查教学体系的一部分，但是，它又有相对的独立性。例如，犯罪现场勘验教学的痕迹显现、固定、提取等，既是一种实验活动，又是一项传授专门的业务知识的活动。理论教学与实验教学两者既密切结合，又各有侧重。所以，侦查学实验教学应成为专业课教学的有机组成部分。侦查学实验教学的开设，不仅能使学生更加深刻地理解和巩固理论课所学知识，学会使用基本常规仪器，掌握刑事技术基本实验技能，还能培养学生良好的实验室工作习惯和科学素质，为今后的科学研究和司法实务打下良好的基础。

二、科研产品开发功能

刑事侦查学是一门将法律科学与自然科学融为一体的综合性学科，是研究同刑事犯罪作斗争的学科。该学科的主要任务是研究应用现代科学技术手段，查明案情，收集证据，将犯罪嫌疑人缉捕归案，为侦查、起诉和审判提供充分的、可靠的依据。科学研究是科技发展的生命线，而科学研究同样离不开实验教学。为教师科研提供服务，培养学生具备一定的科研能力和探索新生事物的热情，是侦查学实验教学的又一重要功能。首先，侦查实验教师具备深厚的理论知识功底、较强的动手能力和获得新知识的能力，能够站在科技前沿，将新技术、新发明及时引入侦查实验课，使课程内容具有一定的超前性，培养学生的开拓意识。随着科技的发展和先进仪器设备的配置，侦查学实验教学为刑侦科技服务的作用将越来越大。同时，通过科研带动产品开发，可产生巨大的社会效益和经济效益。此外，如何充分发挥现有仪器设备的作用，挖掘其潜力，开发、完善现有仪器设备的功能也是实验教学面临的重大课题之一。法学院校的实验、实习经费一般都比较紧张，及时购置高、精、尖仪器设备的能力有限，因而开发、挖掘现有仪器设备的潜力是发挥实验教学作用的一种行之有效的方法。

三、社会服务功能

法学院校的侦查实验教学与司法实践结合十分紧密，通过开放式实验教学，进一步完善社会有偿服务机制，不仅可以取得良好的社会效益，同时还可以获取可观的经济效益。通过社会服务活动积累的资金又可用于购置新的仪器设备，改善实验条件，进而形成良性循环。法学院校可以提供有偿非诉讼方面的鉴定、检验，如鉴定某些协议、合同签名的真假等；利用照相设备开展普通摄影服务等。这样，既可以增加师生的实践机会，又能带来一定的社会效益和经济效益。目前，许多公安高校的刑事技术实验室利用实验室现有的仪器设备条件，通过联合办案、科研、开发新产品或办培训班等形式，解决了基层公安机关技术设备与力量的不足，同时公安高校也可获取一定的经济收入。这种一举两得的做法，对法学院校侦查实验教学具有较好的引导作用。

目前，我国的侦查工作已在相当程度上摆脱了仅仅依靠经验的传统而转到依靠人才和科技的现代化侦查轨道上来，而且，这必将是发展方向。因而，侦查工作实践不仅对侦查人才更加强调和重视理论知识与实践能力的统一，还极为期待侦查学科建设为其提供智力支持。教学贴近实践，是国际社会教学型高等院校的基本方向，也是我国公安院校的基本趋势。但是，应当看到公安高等教育与公安实战并非重合，它们有共同的属性，也有本质差别，前者是培养人才，后者是使用人才。使用人才是实际工作的具体要求，这些要求因公安工作岗位的不同而出现差别。人才培养必须使学生具有从事当代公安工作必需的基本知识、素质和能力，拥有全面发展的潜质和具有较强的适应能力，这也是应用型专门人才与技能型专门人才的区别点。可见，公安高校人才培养，理论知识教育是基础，实践能力是关键。

正因如此，当前，各公安院校正在如火如荼开展学科、专业建设，以借助学科、专业建设成效更好地"授人以能、激人以动"，即通过专业学习使学生掌握扎实的专业基础理论和知识，培养学生专业能力，通过专业训练养成学生献身专业、奉献社会的动力，进而展示自身在我国现代化建设中的价值和地位。

第二部分

侦查措施实验

项目一　询问证人、被害人

实验目的和要求

询问证人、被害人，是指侦查人员为了查明案件事实、收集证据、揭露和证实犯罪，采用公开或秘密的方式，依法向了解案件情况的被害人和证人进行问话的一项侦查措施，简称调查询问。

通过实训，学生应掌握询问证人、被害人的程序、方法，制作询问笔录的要点；了解实施搜查、查封和扣押措施的程序及要求，能够熟练制作《搜查证》《搜查笔录》《扣押清单》等法律文书；了解查询和冻结措施的操作方法，熟练制作查询和冻结措施相关的法律文书，学会固定实施查询和冻结措施获取的书证；了解辨认措施适用的情形，理解和自觉遵循辨认的原则，能够依照辨认措施实施的程序及要求对不同辨认客体实施辨认，能够熟练制作《辨认笔录》；了解通缉、通报措施适用的情形；熟悉发布通缉、悬赏通报的程序及要求；会制作《通缉令》。

实验课时安排

2 课时。

实验场所安排

刑事侦查技术实训中心、本班教室、校道等。

实验的准备

根据不同案情选择实训场地。在现场勘查实训的基础上，结合前期给定案情，一组学生根据案件情节扮演被害人、证人等，另一组学生扮演警察，按照程序开展询问证人、被害人。

实验内容和方式

一、确定询问的对象

（一）询问对象的一般范围

案件侦查中，询问的对象一般包括：

1. 被害人及其亲友。案件的被害人及其亲友是权益遭受犯罪行为直接或间接侵犯的人，他们是侦查人员询问的重点对象，往往在侦查工作开始时，就首先要对他们进行询问。

案件的被害人及其亲友是除作案人之外最了解案件真实情况的人，他们积极主动配合侦查工作，是案件快速侦破的关键。但是，有些被害人及其亲友基于各种原因，在提供证据和线索时不积极或有所隐瞒；也有一些被害人及其亲友为了案件能够引起侦查部门的重视，常常会夸大其被害的事实；还有的本身就属于报假案或伪装现场，因此侦查人员对被害人及其亲友的陈述不可盲信，需要在询问中注意甄别事实真相。

2. 知情人。所谓知情人，是指除被害人和犯罪嫌疑人以外的了解案件情况的第三人。符合证人条件的知情人提供的证言一经查证属实，可以作为诉讼证据使用。有些知情人提供的证言虽然不能作为证据使用，但能为侦查工作的推进提供线索，这在侦查工作中绝不可以忽视。

（二）寻找询问对象的方法

为查清案情，应当根据具体案情具体分析谁可能知情、知情人所在的人员范围和地域范围。一般来说，除现场目击者外，被害人或犯罪嫌疑人的亲朋好友、同事、邻居都属于可能知情的人。应该按照拟询问对象知情的可能性的大小对他们逐个进行询问。在这过程中，询问对象的范围划得过大则浪费警力，延误时机；范围过小则劳而无功，使侦查工作陷入僵局，甚至可能出现关键知情人没有被列入询问对象的情况，导致案件最终没法侦破。

（三）询问前的准备工作

调查询问是以查清案情为目的的一项侦查活动，不同于一般的交谈，必须讲究策略和方法。为保证调查询问的顺利进行，一般要做好以下准备工作：

1. 分析案情，明确目的。调查询问前，侦查人员首先应当熟悉本案已有的材料，包括已经查清了哪些犯罪事实；已经掌握了哪些证据；哪些情况尚未查清；哪些案情尚缺乏证据；等等。然后分析询问对象可能知道本案哪些方面的情况，进而明确对其进行询问的目的。

2. 了解情况，有的放矢。询问对象反映的情况对案件侦查具有重要的影响，而询问对象不同的立场、不同的态度又会促使其从不同的角度陈述相关知情情况。因此，为促使询问对象客观地陈述相关案情，侦查人员一方面要事先了解询问对象的基本情况，包括姓名、年龄、性别、民族、职业、文化程度、健康状况、性格特点、社会关系、个性爱好、生活习惯等；另一方面，还要事先了解其与案件的利害关系，包括其与犯罪嫌疑人、被害人之间的关系以及与涉案财物的关系。此外，在调查询问进行中，侦查人员还要注意询问对象的举止、言谈、表情等各个方面。侦查人员要根据上述三个方面的情况分析其对案件、对案件相关人员以及警方的态度，然后在询问交谈中因势利导，达到询问的目的。

当被询问人是未成年人时，应通知其法定代理人到场。公安机关决定通知其法定代理人到场的，侦查人员需要在询问前与其法定代理人取得联系。

3. 围绕要点，拟定提纲。侦查人员要根据询问的目的和询问对象的情况拟定一个简要的询问提纲，内容包括此次询问要解决的问题、询问的主要内容、询问的方式方法、询问中可能遇到的问题及解决的办法。不同性质的案件，不同的询问对象，不同的询问目的，询问的具体内容是不一样的。概括地说，调查询问的内容可围绕案件的"七何"要素来开展。"七何"要素包括何人、何时、何地、何因、何物、何事、何果。围绕案件的"七何"要素来对被询问对象进行问话，才能保证案件发生的时间、地点、人物明确，案件发生、发现和作案的具体经过清楚。

（四）确定合适的询问时间和地点

在询问时间的选择上，应考虑询问对象是否有时间；其健康状况、情绪、精神及心理状态在什么时候适合接受询问。

对询问地点的选择主要考虑是否有利于询问对象无拘无束地谈话；是否有利于保密；是否比较安全、安静，不受外界干扰。除了现场询问在案发现场附近进行之外，一般选择询问对象熟悉的工作、生活场所进行，确实不方便的可在公安机关办公场所进行。

（五）确定询问人和记录人

根据法律规定，调查询问时，侦查人员不得少于 2 人。通常一人负责问话，另一人负责记录。参与询问的侦查人员不宜太多，否则可能影响询问对象的情绪，从而影响调查询问的效果。

二、实施询问

（一）表明身份，说明目的

询问开始前，负责问话的侦查人员首先应说明身份并出示公安机关的证明文件或者侦查人员的工作证件，并向被询问人说明询问的目的。

（二）宣传法律，告知权利

询问开始前，侦查人员还应当简明扼要地宣传法律规定，告知权利义务。告知的内容包括：知道案情的人，都有作证的义务；被询问人应当如实地提供证据、证言，有意作伪证或者隐匿罪证是要承担法律责任的；告知证人、被害人法律规定的其他权利和义务。可以口头告知，也可以直接让其阅读《被害人/证人诉讼权利义务告知书》，看完后让其在《被害人/证人诉讼权利义务告知书》上签字并捺指印。

（三）稳定情绪，转化心理

谈话开始时，侦查人员应根据询问对象的个体情况，选择合适的话题，打破询问过程中可能出现的生疏、拘谨、紧张的局面，营造和谐的询问气氛。基本方法是：侦查人员态度要和蔼，做到平等待人、语言文明、尊重询问对象的人格和风俗习惯。切忌态度生硬（特别是在履行告知义务的时候，以免询问对象因为侦查人员的严厉态度产生不敢说话或者其他抗拒询问的心理），更不能威胁恐吓被询问对象。

侦查人员对不同心理特征的被询问人要有针对性地进行说服教育，并耐心地做好心理转化工作。

1. 对情绪偏激，夸大事实的人，要讲明处理犯罪嫌疑人必须以事实为根据，以法律为准绳，不能感情用事，促使其如实反映情况。

2. 对思想有顾虑，不敢反映情况的人，侦查人员一方面要表明破案的决心，宣传公民有同犯罪行为作斗争的义务，并指出包庇隐瞒犯罪的利害关系，提高其思想觉悟。另一方面，要宣传公安机关依法保守侦查过程中获悉的隐私和秘密；依法保护证人及其近亲属的安全，打消其顾虑，促使其自愿配合调查询问工作。

3. 对有意报假案和提供虚假情况的人，要告知有意提供虚假情况应担负的法律责任，并可利用谎报情况与事实真相之间的矛盾，打消其侥幸心理，教育他们如实反映情况。

（四）灵活提问，推动回忆

在询问的整个过程中，侦查人员都要注意观察和分析被询问人即时的心理状态，通过采用合适的提问方式和适当的推动回忆的方法，把握询问节奏和方向，及时调整和控制被询问人的情绪发展，引导被询问人自觉地提供案件的真实情况。

1. 提问的方式。提问方式主要有：

开门见山直接提问，就是直截了当地向询问对象提出问题。

委婉含蓄间接提问，即使用含蓄的词语向询问对象提出问题。

命题式提问，即向对象提出具体且指向性很明确的问题。

迂回式提问，与命题式提问恰恰相反，即提出一个貌似与案情无关的问题，让询问对象根据所知道的情况按照自己的逻辑思维进行陈述，最终又不得不回到案情关键问题上来的一种方式。

探询式提问，即试探性地向询问对象提出问题。

质问式提问，即侦查人员在掌握一些证据的基础上，对那些不愿意提供情况的询问对象，以质询的语气向其提问的方式。

2. 推动回忆的方法。在询问过程中，遇到被询问人回忆案件相关情况出现困难的时候，可以采用以下方法推动其恢复记忆：

接近回忆法，即以时间或空间上接近的事物为回忆线索，推动回忆。例如，当询问案件发生的时间时，可以问"端午节前几天？"

相似回忆法，即利用彼此相似或相近的事物为回忆线索，推动回忆。例如，当询问对象对车辆特征记忆模糊时，可以问"轿车的车头像子弹头吗？"

对比回忆法，即利用彼此相反的现象或事物为回忆线索，推动回忆。例如，当询问犯罪嫌疑人身高时，可以问"犯罪嫌疑人比你高多少？"

关系回忆法，即利用事物之间的某些联系作为回忆线索，推动回忆。例如，当被询问人对损失财物的数量不能确定时，可以让其根据该财物的来源、已使用支出和剩余的情况推算。

推动回忆既不限制被询问人谈话的内容，也不妨碍其按照自己的意志作陈述，只是为其恢复记忆提供条件，对查清案件事实有积极的作用。推动回忆与引诱、暗示被询问人有本质的区别，两者不可混淆。

（五）注意事项

1. 侦查人员要态度和蔼，举止端庄，言辞文明，给询问对象严肃、庄重和值得信赖的感觉。

2. 坚持个别询问的原则。即使是同一案件中 2 名以上被害人同时受害或者 2 名以上证人同时见证了案件情况，都不得对他们同时进行询问，防止互相影响，确保证言客观真实。

3. 询问中涉及证人、被害人的隐私的，应当予以保密。

4. 保障证人、被害人的人身安全及其他权利。公安机关应当切实履行法律规定的义务，采取措施保障证人及其近亲属的安全。对依法决定不公开证人、被害人的真实姓名、住址和工作单位等个人信息的，要在《起诉意见书》《询问笔录》等法律文书、证据材料中使用化名等代替其个人信息，并将这些情况另行书面说明，标明密级，单独成卷。

对证人因履行作证义务而支出的交通、住宿、就餐等费用，给予补助。有工作单位的证人作证的，要通知其所在单位不得克扣或者变相克扣其工资、奖金及其他福利待遇。

三、询问的记录工作

询问证人、被害人必须依法记录。记录方法包括制作《询问通知书》《未成年人法定代理人到场通知书》《询问笔录》《亲笔证词》和反映询问过程的录音、录像。这些记录是反映公安机关在办理刑事案件过程中调查取证情况的重要证据。其中，《询问通知书》和《未成年人法定代理人到场通知书》记载了侦查人员实施询问的程序；《询问笔录》《亲笔证词》和询问录音、录像则记载了被害人和证人所提供的案件相关情况，经过查证核实的《询问笔录》《亲笔证词》和询问录音、录像是我国《刑事诉讼法》规定的法定证据形式。做好询问记录工作，既是侦查人员依法获取犯罪证据的要求，也对核实犯罪嫌疑人口供和其他证据的真伪，准确认定案件事实具有十分重要的意义。

（一）《询问通知书》的制作方法

《询问通知书》由负责询问的公安机关填写。包含存根联、附卷联和交被询问人联。只有当需要被询问人到公安机关提供证言时，才需要制作《询问通知书》，送达被询问人。送达时，侦查人员应当出示《询问通知书》和工作证件。被询问人接到《询问通知书》后，应当在附卷联签注部分的"本通知书已收到"后面签名并填写接到通知的时间。对于拒绝签字的，侦查人员应当予以注明。

《询问通知书》一次使用有效，如果需要再次询问的，应当制作新的通知书。询问2名以上的证人或者被害人时，应当分别制作《询问通知书》。

×××公 安 局
询问通知书

（存　根）

×公（×）询通字〔××〕123 号

案 件 名 称　陈×龙故意伤害案
案 件 编 号　A44195353000020130403001
证人/被害人　王×聪　男/女　出生日期　1996 年 3 月 21 日
住　　　址　××市××区××路 321 号 3-2
单　　　位　富宏家私有限公司
应 到 时 间　××年 2 月 2 日 14 点
应 到 地 点　××市公安局××分局××派出所
批 准 人　陈×
批 准 时 间　××年 2 月 1 日
办 案 人　张×刚　李×惠
办 案 单 位　××市公安局××分局××派出所
填 发 时 间　××年 2 月 1 日
填 发 人　张××

×××公安局
询问通知书
（副　本）

×公（×）询通字〔××〕123 号

王×聪：

　　我局正在办理　陈×龙故意伤害　案，为查明案件事实，根据《中华人民共和国刑事诉讼法》第一百二十四条之规定，通知你于××年2月2日14时到××市公安局××分局××派出所　　　　接受询问。

公安局（印）
××年2月1日

本通知书已收到。

被询问人：王×聪（指印）
××年2月2日

此联附卷

×××公安局
询问通知书

×公（×）询通字〔××〕123 号

王×聪：

　　我局正在办理　陈×龙故意伤害　案，为查明案件事实，根据《中华人民共和国刑事诉讼法》第一百二十四条之规定，通知你于××年2月2日14时到××市公安局××分局××派出所　　　　接受询问。

公安局（印）
××年2月1日

此联交被询问人

（二）《询问笔录》的制作方法

《询问笔录》是询问记录的主要形式。制作《询问笔录》应当使用能够长期保持字迹的材料。《询问笔录》由首部、正文和尾部构成。

1. 首部。《询问笔录》的首部属于填充式法律文书，按表格要求逐一填写即可。

2. 正文。正文是《询问笔录》最为实质的内容，采用问答的方式记录。应当包括表明侦查人员身份，告知询问对象权利、义务，案件情况和结束询问四项内容。

侦查人员表明身份的问答内容必须在正文的开头记录清楚。然后记录侦查人员履行告知义务的问答内容。接下来记录关于"案件情况"的问答内容。这部分内容对于案件的定性和侦查工作意义重大。案件涉及的人物、时间、地点、经过、结果等情况都应当详细地记录下来，包括要记录上述情况的来源，如现场目击、当场听到或者听别人说的。还要记录当时的环境、是否还有其他人在场或者了解情况，等等。如果证人、被害人对当时的情况已忘记或者记忆不深或者不是很肯定的，都应当记录清楚，以便侦查人员判断信息的准确程度。

侦查人员在对"案件情况"的提问和记录中要注意：一方面，负责问话的侦查人员在跟询问对象交谈"案件情况"的时候，应当先抛出一个综述性的问题，例如"请谈谈案件发生的具体经过？""请你谈谈案件的详细情况？""你对这个案件有什么看法？"等等，让询问对象按照自己的意志对知道的案情自由进行陈述。然后侦查人员就案件的重要细节或者事实不清、存在矛盾的地方再进行提问，要求询问对象回答，以勾勒出询问对象知道的完整的"案件情况"。另一方面，负责记录的侦查人员未必需要完全按照他们交谈的顺序进行记录。制作《询问笔录》的过程也是整理他们的谈话内容的过程，记录的时候尽量按照案件发生的时间顺序。同时，遵循先记录被询问对象对案情的总体描述，然后记录细节描述的次序。记录的内容必须与谈话的内容相符，但是，与案件的定性和量刑无关的谈话内容，则不应当记录在《询问笔录》中。正文的最后要记录"结束询问"的问答内容。

询问结束时，一般都用两个问题来表明结束本次调查询问，即"还有要补充的吗？""以上所说是否属实？"要在笔录正文末尾处如实记录这两个问题和询问对象回答的内容。

3. 尾部。询问结束时，侦查人员应当将笔录交被询问人核对，没有阅读能力的，要向其宣读。记载有差错或者遗漏的，应当允许被询问人更正或者补充，并在改正或者补充的文字上捺指印。笔录经被询问人核对无误后，让其在笔录的末尾写上"以上笔录我看过（或者'向我宣读过'），和我说的相符。"写明时间，并签名（或盖章）和捺指印。同时，在《询问笔录》最后一页以外的每页末尾右下角签名（或盖章）并捺指印。被询问人拒绝签名或者捺指印的，应当在笔录尾部注明。

询问笔录（第1次）

时间　××年2月1日10时30分至××年2月1日11时15分

地点　××派出所

询问/讯问人（签名）　陈×生、李×洪　　工作单位　××派出所

记录人（签名）李×洪　　工作单位　××派出所

被询问/讯问人　张×生　性别男　年龄40　出生日期1972-12-21

身份证件种类及号码 4329301972×××319×

现住址　××区环村富宏家私有限公司员工宿舍　联系方式××××××××××

户籍所在地　××省××县白水镇刚强村五组

（口头传唤/被扭送/自动投案的被询问/讯问人于　月　日　时　分到达，

　月　日　时　分离开，本人签名：　　　　　）。

问：我们是×××公安局×××分局的民警，这是我们的工作证（出示警察证），现就有关问题依法询问你，请你如实回答，如有弄虚作假，将会承担相应的法律责任，对与本案件无关的问题，你有拒绝回答的权利，你清楚了吗？

答：清楚了。

问：这是一份《被害人诉讼权利义务告知书》，你能否阅读？

答：我能阅读（阅读了约7分钟）。

问：你的个人情况？

答：我叫张×生，男，40岁，1972年12月21日生，户籍所在地：

张×生（捺指印）

第 1 页 共 4 页

××省××白水镇刚强村五组，现在在××环村富宏家具厂做搬运工。

问：你是否需要本案的相关侦查人员回避？

答：不需要。

问：你因何事被我们询问？

答：因为我被人从货物平台上面推倒一事。

问：那是何时何地发生的事？

答：是××年2月1日上午9时许在环村富宏厂的出货平台上面发生的。

问：何人将你从货运平台上面推倒在地上？

答：是陈×龙。

问：陈×龙的个人基本情况？

答：男，35 岁左右，××省人，身高 168cm 左右，体型中等，短头发，是我们厂里的一个仓管，其他不详。

问：你把事情发生的经过详细地说一遍？

答：××年 2 月 1 日上午 9 时许，我记得是陈×龙将我从货运平台上面推倒在地，好像之前我们发生了争吵，具体怎么争吵的，陈×龙怎么将我推倒在地的我都不记得了。我只记得从货运平台上面被陈×龙推了下来，事情就是这样的。

问：请你把事情的详细经过讲一下？

答：我不记得了。

张×生（捺指印）

第 2 页 共 4 页

问：你们之间因为什么事情发生争吵？

答：因为搬货的事，我记不太清了。

问：陈×龙是如何推你的？

答：我不记得了。

问：陈×龙除了推你还有无对你做其他动作？

答：不记得了。

问：你们争吵后双方有无拿工具？

答：没有。

问：你有没有打陈×龙？

答：没有。

问：你说一下那个货运平台的情况？

答：就是一个水泥平台，离地大概 1 米多一点。

问：你的伤势情况怎样？

答：我只知道头很痛，具体的伤情我也不是很清楚。

问：陈×龙有没有受伤？

答：没有。

问：你跟他之前有没有过矛盾？

答：没有。

问：还有什么人目睹事情发生的经过？

答：没有，当时就我们两个人在工作。

问：那你们工作的地方是否有视频监控？

张×生（捺指印）

第 3 页 共 4 页

答：工作平台没有视频监控。

问：你还有什么需要补充？

答：没有。

问：你以上所讲是否属实？

答：属实。

（捺指印）以上笔录我看过，和我所讲相符。（捺指印）

张×生（捺指印）

××年 2 月 1 日

侦查人员：陈×生、李×洪

第 4 页 共 4 页

（三）《亲笔证词》的制作方法

《亲笔证词》不是法定的法律文书，但是在侦查实践中，有些被询问人会提出自行书写案件有关情况的申请。侦查人员在对证人做好《询问笔录》之后，可以要求其亲笔书写案件有关情况，以补强《询问笔录》的证明力。《亲笔证词》经过查证属实，也可以作为认定案件事实的依据。为保证《亲笔证词》的证明力，应当按以下规范来书写：

于××年 2 月 1 日收到

侦查人员：陈×生、李×洪（签名）

亲 笔 证 词

我叫张×生，汉族，1972 年 12 月 21 日出生，××省××市××人，文化程度××，×市富宏家私有限公司职员，现住××市××路××号。经我自行请求，我的受害经过如下：

××年 2 月 1 日 9 时许，陈×龙（男，现住××市××区××路××号）与我在××市××区环村富宏家私有限公司的出货平台上，因工作上的问题发生口角。因为他一贯欺负我，我气不过，就在地上捡了一根玻璃条想打他。后来陈×龙用左手挡住后，并用右手推了一下我，我被推得往后退步时，从出货平台掉下去，后来就晕过去，醒来发现已经被人送到医院了。

以上情况是我的亲身经历，请公安机关查证。

被害人：张×生（签名）

××年 2 月 1 日

（四）询问录音、录像的制作方法

公安机关对于公民扭送、报案、控告、举报或者犯罪嫌疑人自动投案的，都应当立即接受，问明情况，并制作笔录，经核对无误后，由扭送人、报案人、控告人、举报人、自动投案人签名、捺指印。必要时，应当录音或者录像。录音或者录像可以单独进行，也可以在制作《询问笔录》时同步进行。特别是在需要调查的涉案人员的证词是本案的关键性证据时，询问时同步录音、录像很有必要。

对询问过程录音或者录像的，应当对每一次询问全程不间断进行，不得选择性地录制，不得剪接、删改。作为证据的询问录音或者录像应当妥善保管，随案移送。

相比《询问笔录》，询问录音或者录像是一种更全面、更形象的记录方式，可以将侦查人员和被询问人之间的交谈声音、语气、神态、动作和交谈内容等全部记录下来。保证询问内容的完整性和准确性，有利于综合分析被询问人陈述内容的可靠程度。

实验注意事项

一、《未成年人法定代理人到场通知书》的制作方法

《未成年人法定代理人到场通知书》由负责询问的公安机关填写。包含存根联、附卷联和交未成年人法定代理人或者其他人员联。只有当被询问的证人、被害人是未成年人，并且公安机作出决定通知其法定代理人到场时，才需要填写《未成年人法定代理人到场通知书》，送达其法定代理人或者其他人员。

×××公 安 局
未成年人法定代理人
到场通知书
（存　根）

×公（×）法代通字〔××〕094 号

案 件 名 称　陈×龙故意伤害案　　　　　　　　　

案 件 编 号　A44195353000020130403001　　　　

犯罪嫌疑人　陈×龙　　男／女　证人／被害人　王×聪　　男／女　法定代理人　王×富　

住　　　　址　××市××区安居小区 3#-202　　　

单　　　　位　　　　　　　　　　　　　　　　　　

应 到 时 间　××年 2 月 2 日 14 点　　　　　　　

应 到 地 点　××市公安局××分局××派出所　　

批　准　人　陈×　　

批 准 时 间　××年 2 月 1 日　　　　

办 案 人　张×刚　李×惠　　　

办 案 单 位　××市公安局××分局××派出所　　

填 发 时 间　××年 2 月 1 日　　　　

填　发　人　张××

×××公安局
未成年人法定代理人到场通知书
（副　本）

×公（×）法代通字〔××〕094 号

　　__王×富__：

　　我局定于__××__年__2__月__2__日__14__时在__××市公安局××分局××派出所__对__王×聪__进行询问/讯问。因其系未成年人，根据《中华人民共和国刑事诉讼法》第二百八十一条之规定，通知你届时到场。

公安局（印）
××年 2 月 1 日

本通知书已收到。

法定代理人或者其他人员：王×富
××年 2 月 2 日 13 时

通知其他人员到场的，注明原因：＿＿＿＿＿＿＿＿＿＿＿。＿＿＿＿＿
＿＿＿＿＿＿＿＿＿＿＿＿＿＿＿＿＿＿＿＿＿＿＿＿＿＿＿

办案人：张×刚　李×惠
××年 2 月 2 日 13 时

此联附卷

×××公安局
未成年人法定代理人到场通知书

×公（×）法代通字〔××〕094 号

　　__王×富__：

　　我局定于__××__年__2__月__2__日__14__时在__××市公安局××分局××派出所__对__王×聪__进行询问/讯问。因其系未成年人，根据《中华人民共和国刑事诉讼法》第二百八十一条之规定，通知你届时到场。

公安局（印）
××年 2 月 1 日

此联交未成年人法定代理人或者其他人员

二、审查判断询问材料

询问证人、被害人所取得的材料，在侦查阶段，是分析案情、确定是否立案和部署侦查措施的依据；在审判阶段，查证属实的询问材料即证人证言或者被害人陈述，是法官对犯罪嫌疑人定罪量刑的根据，可见其意义重大。实践中，大多数询问对象提供的情况是真实的，但是，由于主、客观方面的原因，会导致询问对象反映的情况与事实有出入，甚至相去甚远，因而必须对询问材料的真实性进行甄别，以免侦查工作走弯路，甚至影响对犯罪嫌疑人准确地定罪和量刑。根据影响询问结果的因素，可以从如下几个方面对询问材料进行审查：

1. 审查询问对象个人的思想品德及其与案件的关系。询问对象个人的思想品德会影响其是非观念，一个思想品德有问题的人反映的情况的客观性是值得怀疑的。但是，当一个思想品德良好的人与案件中的当事人或财物有利害关系的时候，也可能因其立场不够公正从而影响到其陈述内容的客观性、真实性和全面性。因而，应当审查询问对象个人的思想品德及其与案件的关系。

2. 审查询问对象所反映的信息的来源。询问对象所反映的信息的来源是指询问对象提供的情况是怎样获取的，是自己亲身感受、耳闻目睹的，还是听别人讲述的，或者是道听途说的，甚至是主观分析判断得来的。

对于自己亲身感受、耳闻目睹的情况，侦查人员要重点审查询问对象自身的感官条件及其感知时的客观环境条件，例如，其听力、视力、当时的精神状态以及其记忆力；其当时所处的地点；其与被描述事物之间的距离；当时的光线、风向、障碍物等可能影响其感知、知觉的情况。根据这些情况判断其在当时现场条件下能否正确感知所陈述的事物。对于听别人讲述的情况，首先要查明是在什么时间、地点、情况下，听谁说的，并沿着线索找到最先陈述的人进行询问以获取原始证言。对于没有确切来源，凭询问对象主观分析判断得到的情况，一般来说其真实的可能性不大，把它作为侦查的依据时应持谨慎的态度。

3. 审查询问对象的生理和精神状态，证人是否具备证人资格。任何一个证人证言和被害人陈述的形成，要经过感知、判断、记忆和表达四个阶段。在其中的任何一个阶段，都可能由于主、客观诸多因素的影响，导致其陈述的情况与案件事实存在差距。因此，有必要审查影响询问对象感知、判断、记忆和陈述能力的因素。例如，询问对象的视觉、听觉、触觉、嗅觉和味觉等感官的功能是否正常；感知时的环境因素，即气候、温度、光线、距离、角度、声响等；感知时的心理状态，即是否处于愤怒、紧张、惊恐等可能影响正确感知的心理状态中；其记忆保持时间的长短；询问对象是否属于精神病人；询问对象是否具备完整表达的能力。

提醒注意的是：生理上、精神上有缺陷或者年幼的人反映的情况与他的感知能力、判断能力和表达能力相符的时候，其陈述的言辞是可以作为证人证言或被害人陈述的。

4. 审查询问对象陈述时的表情、音调和肢体语言。侦查人员在询问被害人和证人的时候，要注意观察他们的表情、音调和肢体语言，这些信息可以帮助侦查人员判断其陈述内容的真实程度。

5. 审查陈述的内容自身以及陈述的内容与其他证据之间有无矛盾。当询问对象陈述的内容前后出现不一致或矛盾的情况时，应当要求询问对象予以解释或说明原因。当询问对象陈述的内容与其他证据反映的案情不相符，甚至存在矛盾的时候，要认真分析产生的原因，努力寻求事实真相。在此基础上，弄清询问对象的动机，再酌情予以处理。

6. 审查侦查人员询问的态度、方式和方法是否会影响到询问对象如实陈述。包括审查侦查人员是否编造《询问笔录》；是否有使用威胁、引诱、欺骗、指使、收买和其他非法方法询问证人、被害人的情形；《询问笔录》是否经询问对象阅读并确认。

项目二 搜查、查封、扣押

实验目的和要求

搜查、查封、扣押是在刑事诉讼活动中侦查人员为了收集、保全犯罪证据，保证诉讼活动顺利进行而开展的强制性侦查活动。通过搜查、查封、扣押收集、保全诉讼证据，防止证据被隐匿、毁损等情况发生，确保诉讼活动正常进行。搜查、查封、扣押不仅涉及被查封、扣押财物、文件的证据价值，还涉及公民的财产权利，必须按照法定程序和要求进行。搜查、查封、扣押措施因此成为侦查犯罪案件的重要手段。

搜查、查封、扣押作为重要的侦查措施，不仅涉及犯罪证据收集、犯罪嫌疑人的查获以及被查封、扣押财物、文件的证据价值，还直接关系到公民的人身自由和财产受法律保护的基本权利，只能由侦查机关在严格按照法律规定的要求和程序的情况下进行。

实验课时安排

4 课时。

实验场所安排

刑事侦查技术实训中心、本班教室、学生宿舍等。

实验的准备

为保障搜查工作的顺利实施，搜查前应做好以下准备工作：

1. 明确目标。明确搜查的目标，是指通过搜查要发现收集的与案件有关的财物、痕迹，要抓捕的犯罪嫌疑人，要解救的被害人等。在有犯罪嫌疑人供述的情况下，搜查目标是相对清楚的。多数情况下则是由侦查人员综合案件信息资料进行准确研判之后才能确定。一次公开搜查可能只有一个目标，也可能有多个目标；一宗案件搜查可能只是搜查一个人、一个地点，也可能要同时搜查多个人和多个场所，这是由案件的具体情况所决定的。

2. 了解环境。搜查前要通过查阅案卷、调查访问、实地察看、跟踪守候、视频监控、网上查询等多种途径，尽可能全面了解掌握搜查对象及其同居者的情况；搜查地点周围地理、道路交通、社会人文等情况。

3. 制定方案。搜查行动方案的内容一般包括：①明确搜查的指挥人员、执行人员及具体分工与配合；②警戒位置与装备的部署，出现意外情况的处置方案；③明确搜查目标，确定搜查具体时间、地点、区域范围、先后顺序、重点部位；④明确到达搜查地点的方式方法，要确保搜查和警戒人员的到达具有突击性，不给搜查对象逃跑、毁证、抵抗的机会；⑤明确通信联络方式方法；⑥明确搜查要求和应注意的问题。同时对多人多个地点进行搜查的，应当注意信息沟通与配合。

4. 办理手续。搜查必须向被搜查人出示《搜查证》。执行拘留、逮捕的时候，遇有紧急情况之一的，不用《搜查证》也可以进行搜查。《搜查证》是侦查人员执行搜查任务的法律身份凭证。如果在执行逮捕、拘留时，没有遇到法律规定的紧急情况，侦查人员应当出示《搜查证》，而不得以《拘留证》或者《逮捕证》代替《搜查证》。

为此，搜查前办案人员要制作《呈请搜查报告书》，报经县级以上公安机关负责人审查批准后，由其签发《搜查证》。同时，考虑是否需要其他法律文书，如需要《拘留证》《逮捕证》等的，也应当一并办理相关手续。

5. 邀请见证人。进行搜查时，应当有被搜查人或者他的家属、邻居或者其他见证人在场。搜查人员应事先联系被搜查人或其家属、邻居或者其他见证人做好准备。

实验内容和方式

一、搜查的对象及方法

（一）人身及物品搜查

人身搜查是指侦查人员为查找犯罪证据或者解除犯罪嫌疑人抵抗或自伤的武器而依法对犯罪嫌疑人或可能隐藏犯罪证据者的身体进行的搜索、检查。人身搜查常在拘捕、逮捕犯罪嫌疑人时进行。搜查的目的主要是从犯罪嫌疑人身上及其随身携带的物品中，发现、缴获枪支、刀具、爆炸物品、剧毒物品等可用于进行人身伤害的凶器以及犯罪证据。

人身搜查时要提高警惕，严防搜查对象的抵抗、自伤或逃跑，要严格按照人身搜查的规范要求与技巧进行，不得松懈大意。搜身一般应当2人以上协调配合，一人负责警戒，一人负责搜身。首先应当快速限制搜查对象的自由，使其处于无法抵抗或者不敢抵抗状态，接着下达指令，可以令其举起双手或双手抱头，转身面向墙壁、车辆、电线杆、树干等，两腿叉开、脚跟抬起而立。这一切完成之后，搜身民警才靠前实施搜身活动。侦查人员可以站立其左侧，用右脚勾住其左脚跟，按照自上而下、由外及里的顺序，自前胸至腹部、衣裤口袋、腰带、小腿部进行搜摸、拍打。搜查完左边，侦查人员换手换脚搜查其右边，搜查方式方法如同搜查左边。

人身搜查后，应检查被搜查人随身携带的旅行包、箱或其他物品，主要是书包、手表、钢笔、戒指、手机、烟斗、香烟、钱包、笔记本、书籍等。搜查时也要分工，有搜查，有警戒。特别要注意，当搜查重要物证或者奇异物品时，警戒人员容易分神，甚至一拥而上观看赃证而疏忽了对搜查对象的监控，给犯罪嫌疑人逃跑或袭击搜查、警戒人员提供机会。

（二）室内搜查

室内搜查是指侦查人员对可能隐藏犯罪嫌疑人或犯罪证据的住宅、落脚点、窝赃销售点和工作地点等场所进行的搜索与检查，目的是收集犯罪证据、查获犯罪嫌疑人。室内是最常见的搜查场所。

进行室内搜查时要注意以下几点：①应当以室内的具体情况来确定搜查起点、顺序和路线，以便进入室内开展实地搜查；②根据搜查目标并结合室内环境来确定搜查的重点部位、重点客体，如搜查目标的形态、大小、薄厚、软硬及数量等影响着搜查的方式方法；③注意发现室内家具和物品的摆放有无违反常规的现象，有无被搜查人藏物的痕迹，如对有隔层声音、撬挖痕迹的部位，要更加仔细检查，必要时可借助仪器、灯光进行细致察看；④搜查时，要突出重点，兼顾一般，全面细致；⑤整个搜查过程中的任何时候，都要保持高度的警惕性，防止未能发现的犯罪嫌疑人、逃犯等突然从藏身的暗处发动袭击、劫持现场人质或者伤害执行搜查的民警。

（三）露天场所搜查

露天场所搜查也称室外搜查，是指侦查人员对可能隐藏犯罪嫌疑人或赃物罪证的有关露天场所进行的搜索和检查。一般情况下，露天场所范围广、地形复杂、杂草丛生，搜查难度大。

露天场所搜查常见的有两种情况：①室内场所在室外的延伸部分。包括房屋周围的菜园、院落、草丛、厕所、柴草堆、河沟等。主要查看有无新鲜翻动痕迹、脚印、血滴点等，有无凹凸不平之处，有无植被生长速度不一致、枯黄植物等迹象，有的话，应当进一步查看。对有新鲜翻痕的地面，可用灌水观看渗水速度等方法判断是否存在地下洞穴。对有翻动迹象的柴堆、煤垛等，要一部分一部分地逐一翻找。对房屋周围的河涌，要仔细查看岸边有无脚印、绳索等情况。②旷野、山林等。要根据其地形地貌的实际情况和特点，确定搜查范围，划分片段，采取定人定点包干搜查方法进行。搜查时，可采用螺旋式、发散式、收缩式、网格式、条幅式等不同的形式进行。搜查中特别要注意新翻动的泥土、变动过的物堆，有条件的应借助工具和仪器探试或利用警犬搜索。

（四）车辆搜查

车辆搜查是指对可疑机动车辆的鉴别、搜索和检查。经常在巡逻盘查或追缉堵截过程中进行。车辆的特性决定了车辆搜查具有很大危险性，应当有足够的警力和得当的搜查方法。执行搜查前尽量多地了解、掌握有关车辆与车上人员的相关信息资料，如司乘人员情况；犯罪嫌疑人的人数；是否携带有枪支、弹药等危险品；是否劫持有人质等情况。民警在搜查的过程中一定要协调配合，提高警惕，并在操作中注意遵循以下要求：

1. 先控后查。嫌疑车辆在得到有效控制之前，贸然实施检查是危险的。由于车辆具有较强的机动性，它随时可以起步，快速行驶，可以对执勤警察进行冲撞、碾轧，直接危及警察的生命安全。所以对嫌疑车辆的查控，要采取先控制、后检查的办法，将犯罪嫌疑人可能利用机动车继续实施犯罪的可能性降到最低，确保警察自身的安全和查控行动的顺利实施。

2. 人车分离。在查控嫌疑车辆的行动中，有条件或有必要时，最好采取人车分离的方法进行盘问和检查，即使不能分离也必须首先命令司机关闭发动机，防止犯罪嫌疑人突然驾驶车辆逃跑或顶撞警察，甚至突然掏出枪支袭击警察。

3. 先查人后查车。查控嫌疑车辆要先检查人，后检查车、物，不可同时检查。对人的检查要按照盘查规范程序进行；在检查车辆、物品时，要对人进行监控，并使其与车辆保持一定距离。这样可以始终保持优势警力，防止犯罪嫌疑人突然逃跑或袭警。

二、搜查的程序及要求

搜查应当依照如下程序与要求执行：

应当由 2 名或以上侦查人员执行搜查任务。搜查时，首先向被搜查人出示《搜查证》《警察证》或《拘留证》《逮捕证》，并要求被搜查人或其家属在《搜查证》上签名。

公安机关可以要求有关单位和个人交出可以证明犯罪嫌疑人有罪或者无罪的物证、书证、视听资料等证据。

搜查时必须有被搜查人或者其家属、邻居及其见证人在场；搜查妇女身体时，应当由女侦查人员进行，见证人也应是女性；遇到阻碍搜查的，侦查人员可以决定强制搜查，并记录在案。

搜查中发现的可用以证明犯罪嫌疑人有罪或无罪的各种物证、书证，均应依法予以扣押。

搜查结束后，侦查人员应在当地派出所的配合下，及时做好对有关人员、财物、场所的善后处理工作。

搜查的情况应当写成笔录，由侦查人员和被搜查人或者其家属，邻居或者其他见证人签名或盖章。如果被搜查人拒绝签名，或者被搜查人在逃，其家属拒绝签名或者不在场的，侦查人员应当在笔录中注明。

三、查封和扣押的程序及要求

实施查封、扣押措施的目的在于取得和保全证据，以免证据消失或者毁灭，影响案件的侦查。查封、扣押一般是在实施搜查、现场勘验、物品检验、人身检查的过程中进行的，必须依法进行。

（一）查封、扣押普通财物、文件的程序及要求

1. 查封、扣押的主体。查封、扣押只能由侦查人员进行；执行查封、扣押财物、文件的侦查人员不得少于 2 人，并出示《搜查证》《警察证》《查封决定书》《扣押决定书》等有关法律文书和侦查人员的工作证件。

2. 查封、扣押的范围。《刑事诉讼法》第 141 条第 1 款规定："在侦查活动中发现的一切用以证明犯罪嫌疑人有罪或者无罪的财物、文件，应当查封、扣押"。此处的财物是指可作为证据使用的财产和物品，包括动产和不动产。为了保护公民、法人和其他组织的财产等权益，查封、扣押必须严格限制在一定范围之内，"与案件无关的财物、文件，不得查封、扣押"。由此查封、扣押的具体范围包括：①被搜查人主动交出的与犯罪有关的财物、文件；②可用来补偿因犯罪行为而造成损失的现金有价证券及各种财物；③搜查中发现、但难以确定是否同案件相关联的财物、文件，先行扣押，待查清后再作处理，以免丧失重要证据；④违禁物品或国家规定不允许个人使用、持有的物品和文件；⑤可能与犯罪有关的犯罪嫌疑人的邮件、电子邮件、电报等。

根据《人民检察院刑事诉讼规则》相关规定，查封、扣押时应注意：①不能立即查明是否与案件有关的可疑的财物和文件，也可以查封或者扣押，但应当及时审查；②对于犯罪嫌疑人、被告人到案时随身携带的物品需要扣押的，可以强制查封、扣押。对于与案件无关的个人用品，应当逐件登记，并随案移交或者退还其家属。

3. 查封、扣押的决定权。在侦查过程中需要扣押财物、文件的，应当经办案部门负责人批准并制作扣押决定书；在现场勘查或者搜查中需要扣押财物、文件的，由现场指挥人员决定；但扣押财物、文件价值较高或者影响正常生产经营的，应当经县级以上公安机关负责人批准并制作扣押决定书；在侦查过程中需要查封土地、房屋等不动产，或者船舶、航空器以及其他不宜移动的大型机器、设备等特定动产的，应当经县级以上公安机关负责人批准并制作查封决定书。

4. 查封、扣押的实施。①查点。侦查人员会同在场见证人和被查封、扣押财物、文件的持有人查点清楚；②开列清单。查点之后，当场开列查封、扣押清单一式三份，写明财物或者文件的名称、编号、数量、特征及其来源、查封、扣押时间等；③签名或盖章、留存。由侦查人员、持有人和见证人签名或者盖章，一份交给持有人，一份交给公安机关保管人员，一份附卷备查。对于无法确定持有人的财物、文件或者持有人拒绝签名的，侦查人员应当在清单中注明。

5. 强制查封、扣押。如果持有人拒绝交出应当查封、扣押的财物、文件的，公安机关可以强制查封、扣押。

查封、扣押的情况应当制作笔录，由侦查人员、持有人和见证人签名。对于无法确定持有人或者持有人拒绝签名的，侦查人员应当在笔录中注明。

（二）扣押邮件、电子邮件、电报的程序及要求

1. 扣押邮件、电子邮件、电报的决定权。侦查人员认为需要扣押犯罪嫌疑人的邮件、电子邮件、电报时，应当经县级以上公安机关负责人批准，通知邮电部门或者网络服务单位检交扣押。

2. 扣押邮件、电子邮件、电报的范围。扣押邮件、电子邮件、电报涉及限制公民的通信自由，是一种特殊的扣押，必须严格控制。扣押邮件、电报时可以通过如下情形判断应否扣押：①是否有犯罪嫌疑人发出的情形；②是否属于他人直接寄给犯罪嫌疑人的情形；③是否属于有寄给他人转交犯罪嫌疑人的情形；④是否属于有寄给犯罪嫌疑人转交他人的情形。如果不属于以上情形的邮件、电报，则不应当扣押，不得随意扩大扣押范围。

3. 扣押邮件、电子邮件、电报的实施。侦查人员制作扣押邮件、电子邮件、电报通知书，通知邮电部门或者网络服务单位检交扣押。不需要继续扣押的时候，应当经县级以上公安机关负责人批准，制作解除扣押邮件、电子邮件、电报通知书，立即通知邮电部门或者网络服务单位。

另外，根据《人民检察院刑事诉讼规则》等相关规定，对于可以作为证据使用的录音、录像带、电子数据存储介质，应当记明案由、对象、内容；录取、复制的时间、地点、规格、类别、应用长度、文件格式及长度等，妥善保管，并制作清单，随案移送；查封单位的涉密电子设备、文件等物品，应当在拍照或者录像后当场密封，由办案人员、见证人、单位有关负责人签名或者盖章。启封时应当有见证人、单位有关负责人在场并签名或者盖章。

（三）对查封、扣押的财物、文件的保管、处理以及查封、扣押的解除

对查封、扣押的财物、文件、邮件、电子邮件、电报，经查明确实与案件无关的，应当在3日以内解除查封、扣押，退还原主或者原邮电部门、网络服务单位；原主不明确的，应当采取公告方式告知原主认领。在通知原主或者公告后6个月以内，无人

认领的，按照无主财物处理，登记后上缴国库。

对被害人的合法财产及其孳息权属明确无争议，并且涉嫌犯罪事实已经查证属实的，应当在登记、拍照或者录像、估价后及时返还，并在案卷中注明返还的理由，将原物照片、清单和被害人的领取手续存卷备查。查找不到被害人，或者通知被害人后，无人领取的，应当将有关财产及其孳息随案移送。

对查封、扣押的财物及其孳息、文件，公安机关应当妥善保管，以供核查。任何单位和个人不得使用、调换、损毁或者自行处理。

对容易腐烂变质及其他不易保管的财物，可以根据具体情况，经县级以上公安机关负责人批准，在拍照或者录像后委托有关部门变卖、拍卖，变卖、拍卖的价款暂予保存，待诉讼终结后一并处理。对违禁品，应当依照国家有关规定处理；对于需要作为证据使用的，应当在诉讼终结后处理。

依法扣押文物、金银、珠宝、名贵字画等贵重财物的，应当拍照或者录像，并及时鉴定、估价；对作为犯罪证据但不便提取的财物、文件，经登记、拍照或者录像、估价后，可以交财物、文件持有人保管或者封存，并且开具登记保存清单一式两份，由侦查人员、持有人和见证人签名，一份交给财物、文件持有人，另一份连同照片或者录像资料附卷备查。财物、文件持有人应当妥善保管，不得转移、变卖、毁损。

查封、扣押的涉案财产的处理。最高人民法院、最高人民检察院、公安部、国家安全部司法部、全国人大常委会法制工作委员会《关于实施刑事诉讼法若干问题的规定》第36条规定，对于依照刑法规定应当追缴的违法所得及其他涉案财产，除依法返还被害人的财物以及依法销毁的违禁品外，必须一律上缴国库。查封、扣押的涉案财产，依法不移送的，待人民法院作出生效判决、裁定后，由人民法院通知查封、扣押机关上缴国库，查封、扣押机关应当向人民法院送交执行回单……对于被扣押、冻结的债券、股票、基金份额等财产，在扣押、冻结期间权利人申请出售，经扣押、冻结机关审查，不损害国家利益、被害人利益，不影响诉讼正常进行的，以及扣押、冻结的汇票、本票、支票的有效期即将届满的，可以在判决生效前依法出售或者变现，所得价款由扣押、冻结机关保管，并及时告知当事人或者其近亲属。

四、相关法律文书的制作

(一)《搜查证》的制作方法

《搜查证》由批准搜查的公安机关填写，包含存根联和附卷联。其中，附卷联上要求被搜查人或其家属或其他见证人签名确认。

×××公安局
搜 查 证
（存　根）

×公（×）搜查字〔××〕132 号

案 件 名 称　　陈×龙故意伤害案

案 件 编 号　　A44195353000020130403001

犯 罪 嫌 疑 人　　陈×龙　　男/女　　出生日期　　1981 年 10 月 12 日

住　　　　址　　××区大环村×××出租屋

单 位 及 职 业　　××市富宏家私有限公司员工

搜 查 原 因　　收集犯罪证据

搜 查 对 象　　××区大环村×××出租屋

批 准 人　　陈×

批 准 时 间　　××年 2 月 1 日

办 案 人　　张×刚　李×惠

办 案 单 位　　××市公安局××分局××派出所

填 发 时 间　　××年 2 月 1 日

填 发 人　　张××

×××公安局
搜 查 证

×公（×）搜查字〔××〕132 号

　　因侦查犯罪需要，根据《中华人民共和国刑事诉讼法》第一百三十六条之规定，我局依法对××区大环村×××出租屋陈×龙宿舍××进行搜查。

公安局（印）

××年 2 月 1 日

　　本证已于××年 2 月 1 日 19 时向我宣布。

被搜查人或其家属或其他见证人：吴×凤（捺指印）

此联附卷

（二）《搜查笔录》的制作方法

《搜查笔录》是法定证据形式之一，为保证其证据效力，必须记载以下基本内容：

1. 搜查时间、地点、被搜查人及搜查范围。搜查时间，包括搜查开始和结束的时间，要具体到某时某分；被搜查人要填写其姓名和住址；搜查范围的填写应注意具体、完整、准确、简明扼要。

2. 搜查单位、执行人姓名和搜查证编号。

3. 搜查的简要情况。要注意将下面几个方面的内容记录清楚：①记明搜查的见证情况，即搜查活动在××单位（或住在某处的）×××的见证下进行。②根据搜查的顺序和过程，写明查获的犯罪证据和可疑财物及其名称、数量、质地、特征、形状等，详细准确地说明被发现的场所和具体位置。③记明搜查过程中有无问题出现，搜查人员是否严格依法办事，有无损坏财物，被搜查人及其家属是否积极配合搜查，有无抵制或刁难行为等。

4. 被搜查人或见证人对《搜查笔录》的核对意见。为了保证《搜查笔录》的真实性、可靠性和准确性，在形成《搜查笔录》及填写清楚扣押财物、文件清单后，要让被搜查人或其家属、邻居或见证人阅读或向其宣读，进行核对。在其认为符合客观事实，没有异议时，让其签名、捺指印，并注明对搜查活动和笔录无意见的字样，侦查人员也要在笔录上签名。如有意见，可以写明。如果被搜查人或其家属拒绝签名、捺指印的，应当在笔录上加以注明。侦查人员制作笔录过程中如有涂改，在涂改处让被搜查人或其他见证人捺上指印。《搜查笔录》一经侦查人员、被搜查人或其家属、邻居或见证人签名盖章，不能再作任何改动。

搜 查 笔 录

时间：×× 年 2 月 1 日 19 时 10 分至×× 年 2 月 1 日 19 时 45 分

侦查人员姓名、单位：陈×生　　××市公安局××分局××派出所

记录人姓名、单位：李×洪　　××市公安局××分局××派出所

当事人：陈×龙

对象：××市××区大环村×××出租屋陈×龙宿舍

见证人：吴×凤

其他在场人员：无

事由和目的：收集犯罪证据

地点：××市××区大环村×××出租屋陈×龙宿舍

过程和结果：<u>搜查人员搜查了犯罪嫌疑人陈×龙位于广东省××市××区××路××××</u><u>×号出租屋的住处。搜查人员在该出租屋洗手间红桶内查获一件带血的灰色工作服外</u><u>套。在搜查过程中被搜查人配合搜查工作，未损坏任何物品。</u>

搜查人员扣押了<u>灰色工作服一件</u>。（见《扣押决定书》）

侦查人员：陈×生

记录人：李×洪

当事人：陈×龙（捺指印）

见证人：吴×凤

其他在场人员：

（三）《查封决定书》的制作方法

《查封决定书》由作出查封决定的公安机关填写。包含存根联、附卷联和交持有人联，附卷联上要求持有人、见证人签名确认。

×××公安局

查封决定书

（存　根）

×公（×）封字〔××〕069号

案件名称　<u>陈×龙故意伤害案</u>

案件编号　<u>A44195353000020130403001</u>

犯罪嫌疑人　<u>陈×龙</u>　男／女　出生日期　<u>1981 年 10 月 12 日</u>

被查封单位　<u>××市××区××花园 A3 栋 903 房</u>

查封原因　<u>收集犯罪证据</u>

批　准　人　<u>陈×</u>

批准时间　<u>××年 2 月 1 日</u>

办　案　人　<u>张×刚　李×惠</u>

办案单位　<u>××市公安局××分局××派出所</u>

填发时间　<u>××年 2 月 1 日</u>

填　发　人　<u>张××</u>

×××公安局
查 封 决 定 书
（副　本）

×公（×）封字〔××〕069号

姓名　陈×龙　，性别　男　，出生日期　1981年10月12日　，身份证件种类及号码　53253119811012××××　，住址　××区大环村×××出租屋　。

单位名称＿＿＿＿＿，法定代表人＿＿＿＿＿，单位地址及联系方式＿＿＿＿＿＿＿＿。

我局在侦查　陈×龙故意伤害　案件中发现你（单位）持有的下列财物、文件可用以证明犯罪嫌疑人有罪或者无罪，根据《中华人民共和国刑事诉讼法》第一百四十一条之规定，现决定查封：

编号	名称	地址	特征
1	住宅	××市××区××花园A3栋903房	

公安局（印）

××年2月1日

此联附卷

×××公安局
查 封 决 定 书

×公（×）封字〔××〕069号

姓名　陈×龙　，性别　男　，出生日期　1981年10月12日　，身份证件种类及号码　53253119811012××××　，住址××区大环村×××出租屋　。

单位名称＿＿＿＿＿，法定代表人＿＿＿＿＿，单位地址及联系方式＿＿＿＿＿＿＿＿＿。

我局在侦查　陈×龙故意伤害　案件中发现你（单位）持有的下列财物、文件可用以证明犯罪嫌疑人有罪或者无罪，根据《中华人民共和国刑事诉讼法》第一百四十一条之规定，现决定查封：

编号	名称	地址	特征
1	住宅	××市××区××花园A3栋903房	

公安局（印）

××年 2 月 1 日

此联交持有人

（四）《扣押决定书》的制作方法

《扣押决定书》由作出扣押决定的公安机关填写。包含存根联、附卷联和交持有人联，附卷联上要求持有人、见证人签名确认。

×××公安局

扣 押 决 定 书

（存　根）

×公（×）扣字〔××〕150 号

案 件 名 称　陈×龙故意伤害案

案 件 编 号　A4419535300002013040300l

犯罪嫌疑人　陈×龙　男/女　出生日期　1981 年 10 月 12 日

被扣押单位　_____

扣 押 原 因　作为犯罪证据

批 准 人　陈×

批 准 时 间　××年 2 月 1 日

办 案 人　张×刚 李×惠

办 案 单 位　××市公安局××分局××派出所

填 发 时 间　××年 2 月 1 日

填 发 人　张××

×××公安局

扣 押 决 定 书

（副 本）

×公（×）扣字〔××〕150 号

姓名　陈×龙　，性别　男　，出生日期　1981 年 10 月 12 日　，身份证件种类及号码__53253119811012×××__，住址__××区大环村×××出租屋__。

单位名称_____，法定代表人_____，单位地址及联系方式_____。

我局在侦查__陈×龙故意伤害__案件中发现你（单位）持有的下列财物、文件可用以证明犯罪嫌疑人有罪或者无罪，根据《中华人民共和国刑事诉讼法》第一百四十一条之规定，现决定扣押：

编号	名称	数量	特征
1	灰色工作服	1件	上有"FH"标志

持有人：陈×龙　　　　见证人：吴×凤　　　　公安局（印）

××年2月1日　　　　××年2月1日　　　　××年2月1日

×××公安局
扣押决定书

×公（×）扣字〔××〕150号

姓名__陈×龙__，性别__男__，出生日期__1981年10月12日__，身份证件种类及号码__53253119811012×××__，住址__××区大环村×××出租屋__。

单位名称_____，法定代表人_____，单位地址及联系方式_____。

我局在侦查__陈×龙故意伤害__案件中发现你（单位）持有的下列财物、文件可用以证明犯罪嫌疑人有罪或者无罪，根据《中华人民共和国刑事诉讼法》第一百四十一条之规定，现决定扣押：

编号	名称	数量	特征
1	灰色工作服	1件	上有"FH"标志

公安局（印）

××年2月1日

此联附卷

（五）《扣押清单》的制作方法

《扣押清单》由实施扣押物证、书证的公安机关填写。本清单一式三份，一份附卷，一份交持有人，一份交公安机关保管人员。

扣 押 清 单

编号	名称	数量	特征	备注
1	灰色工作服	1件	上有"FH"标志	

以下空白

持有人：陈×龙　见证人：吴×凤　保管人：王×　　办案单位（盖章）

办案人：张×刚　李×惠

××年2月1日　　××年2月1日　　××年2月1日　　××年2月1日

本清单一式三份，一份附卷，一份交持有人，一份交公安机关保管人员。

（六）《查封/解除查封清单》的制作方法

《查封/解除查封清单》由实施查封/解除查封决定的公安机关填写。《查封/解除查封清单》由持有人、见证人和办案人及其所在单位签名（盖章）确认。本清单一式三份，一份附卷，一份交持有人，一份交公安机关保管人员。

查封/解除查封清单

编号	名称	数量	特征	财产所在地	登记机关	备注
1	住宅	1套	××市××区××花园 A3 栋 903 房			

以下空白

持有人：陈×龙　　　见证人：吴×凤　　　办案单位（盖章）

办案人：张×刚　李×惠

××年2月15日　　××年2月15日　　××年2月15日

本清单一式三份，一份附卷，一份交持有人，一份交公安机关保管人员。

（七）《发还清单》的制作方法

《发还清单》由发还被扣押财物、文件的公安机关填写。由领取人和办案人员签名确认。本清单一式两份，一份附卷，一份交领取人。

发 还 清 单

编号	名称	数量	特征	备注
1	灰色工作服	1 件	灰色、有血迹	

以下空白

以上财物、文件、证件如数收到。

办案单位（盖章）

领取人：吴×凤　　　　　　　　　办案人：张×刚　李×惠

××年 2 月 15 日　　　　　　　　××年 2 月 15 日

本清单一式两份，一份附卷，一份交领取人。

项目三　查询、冻结

实验目的和要求

查询和冻结犯罪嫌疑人的财产是《刑事诉讼法》赋予公安机关的权力。《刑事诉讼法》第 144 条第 1 款规定："人民检察院、公安机关根据侦查犯罪的需要，可以依照规定查询、冻结犯罪嫌疑人的存款、汇款、债券、股票、基金份额等财产。有关单位和个人应当配合。"犯罪嫌疑人既指自然人，也指单位。

查询和冻结是两种侦查措施。因为在侦查实践中，这两种措施经常同时实施，故称"查询、冻结措施"。其中，查询是指调查、询问，就是了解犯罪嫌疑人财产的具体情况，如开户银行账号、存款和取款时间、次数、金额、经手人；汇款人姓名、地址、汇款金额、收款人姓名、地址；股票账户金额、买卖股票的情况；等等。冻结是指通知金融机构等单位对犯罪嫌疑人的存款、汇款、债券、股票、基金份额等财产暂时不准提取。

随着我国社会主义市场经济的快速发展，刑事犯罪活动涉及大笔资金的案件大量增加，追赃成为侦查工作的重要内容之一，查询和冻结措施因此成为常用的侦查措施。

实验课时安排

2 课时。

实验场所安排

刑事侦查技术实训中心、本班教室等。

实验的准备

核准查询和冻结措施适用的条件：

公民和单位的财产及其具体数额等相关信息依法受国家法律保护，非经法定程序，任何单位和个人不得侵犯。公安机关只有在侦查犯罪需要的情况下，经过法定的审批程序，才可以实施查询和冻结，并且必须按照法律规定的操作方法来实施。所谓侦查犯罪的需要，是指通过实施查询、冻结措施可以查明案情，查清犯罪嫌疑人有罪、无罪，罪轻、罪重的事实，防止犯罪所得的赃款转移，挽回和减少损失，发现侦查线索，拓展侦查空间，扩大侦查战果。

实验内容和方式

一、查询的程序及要求

1. 对于侦查需要又可以查询的财产账户，办理案件的侦查人员填写《呈请协助查询财产报告书》，报请县级以上公安机关负责人批准。

2. 获得批准后，办案人员填写《协助查询财产通知书》，送达县级以上金融机构等单位执行。公安机关对于需要查询的账户，应当提供存款人、汇款人或收款人的有关线索，如存款人的姓名、存款日期、金额等情况。

3. 县级以上金融机构等单位审查认为合乎法律规定的，依法指定账户所属金融网点根据公安机关的要求把有关问题查清，负责填写《协助查询财产通知书》回执，提供指定账户的相关信息资料给办案人员。应该注意的是，办案侦查人员不得径自到账户所在的县级以下金融网点查阅账册。

4. 对查询所获悉的相关财产资料的原件，办案侦查人员不可以直接拿走。如有需要，可以抄录、复制或照相，并加盖金融机构等单位的印章，即具有与原件同等的法律效力。

5. 公安机关对金融机构等单位提供的被查询账户的情况和资料，应当依法保守秘密。

二、冻结/解除冻结的程序及要求

对于侦查需要又可以冻结的财产账户，办案人员填写《呈请协助冻结/解除冻结财产报告书》，报请县级以上公安机关负责人批准。

获得批准后，制作《协助冻结/解除冻结财产通知书》，送达县级以上金融机构等单位执行，由其核对后通知所属金融网点办理冻结手续。

1. 关于冻结期限。冻结存款、汇款等财产的期限为 6 个月。冻结债券、股票、基金份额等证券的期限为 2 年。有特殊原因需要延长期限的，公安机关应当在冻结期限届满前办理继续冻结手续。每次续冻存款、汇款等财产的期限最长不得超过 6 个月；每次续冻债券、股票、基金份额等证券的期限最长不得超过 2 年。继续冻结的，应当按上述程序重新办理冻结手续。逾期不办理继续冻结手续的，视为自动解除冻结。

犯罪嫌疑人的存款、汇款、债券、股票、基金份额等财产已被冻结的，不得重复冻结，但可以轮候冻结。

2. 关于冻结期间犯罪嫌疑人对冻结财产的权利。对冻结的债券、股票、基金份额等财产，应当告知当事人或者其法定代理人、委托代理人有权申请出售。权利人书面申请出售被冻结的债券、股票、基金份额等财产，不损害国家、被害人及其他权利人利益，不影响诉讼正常进行的，以及冻结的汇票、本票、支票的有效期即将届满的，经县级以上公安机关负责人批准，可以依法出售或者变现，所得价款应当继续冻结在其对应的银行账户中；没有对应的银行账户的，所得价款由公安机关在银行指定专门账户保管，并及时告知当事人或者其近亲属。

3. 关于冻结的解除。对冻结的存款、汇款、债券、股票、基金份额等财产，经查明确实与案件无关的，应当在 3 日以内通知金融机构等单位解除冻结，并通知被冻结存款、汇款、债券、股票、基金份额等财产的所有人。不需要继续冻结犯罪嫌疑人存款、汇款、债券、股票、基金份额等财产时，应当经县级以上公安机关负责人批准，制作《协助解除冻结财产通知书》，通知金融机构等单位执行。

4. 侦查终结时对冻结财产的处理。根据《公安机关办理刑事案件程序规定》和《六机关规定》，侦查机关冻结在金融机构等单位的违法所得及其他涉案财产，应当向人民法院随案移送该金融机构出具的证明文件。待人民法院作出生效判决后，按照人民法院的通知，上缴国库或者依法予以返还，并向人民法院送交执行回执。人民法院未作出处理的，应当征求人民法院意见，并根据人民法院的决定依法作出处理。

在侦查过程中出现犯罪嫌疑人死亡时，对已冻结的犯罪嫌疑人财产应当依法查证，待查明该财产的来源和性质之后，是没收还是返还被害人等，应当依法提出处理意见报请当地同级人民法院作出裁定。公安机关接到人民法院的裁定书之后，要依据裁定书内容书面通知冻结犯罪嫌疑人财产的金融机构等单位将犯罪嫌疑人的财产上缴国库或者返还被害人。

根据《刑事诉讼法》的规定，公安机关不能扣划存款、汇款、债券、股票、基金份额等财产。

5. 对冻结财产措施的监督。上级公安机关发现下级公安机关冻结、解除冻结财产有错误时，有权予以撤销或者变更，也可以指令下级公安机关予以纠正。下级公安机关对上级公安机关的决定必须执行，如果认为有错误，可以在执行的同时向上级公安机关报告。

三、相关法律文书的制作

（一）《呈请协助查询财产报告书》和《呈请协助冻结/解除冻结财产报告书》的制作方法

《呈请协助查询财产报告书》和《呈请协助冻结/解除冻结财产报告书》属于呈请类法律文书，制作方法与常见的呈请类法律文书一致。

（二）《协助查询财产通知书》的制作方法

《协助查询财产通知书》由办案单位填写，包含存根联、交协助查询单位联和附卷联。其中，附卷联须获得协助查询单位的签收盖章。

×××公 安 局
协助查询财产通知书
（存　根）

×公（×）查财字〔××〕049 号

案 件 名 称	陈×龙故意伤害案
案 件 编 号	A4419535300002013040301
犯 罪 嫌 疑 人	陈×龙　男/女　出生日期　1981 年 10 月 12 日
查 询 内 容	银行账户 6225×××××××2135
协助查询单位	××银行××市××支行
批 准 人	陈×
批 准 时 间	××年 2 月 3 日
办 案 人	张×刚 李×惠
办 案 单 位	××市公安局××分局××派出所
填 发 时 间	××年 2 月 3 日
填 发 人	张××

×××公安局
协助查询财产通知书

×公（×）查财字〔××〕049 号

　　__×× 银行 ×× 市 ×× 支行__ ：

　　因侦查犯罪需要，根据《中华人民共和国刑事诉讼法》第一百四十四条之规定，我局派员前往你处查询犯罪嫌疑人___陈×龙___（性别__男__，出生日期__1981 年 10 月 12 日__）的财产，请予协助！

　　财产种类：__银行存款__

　　查询线索：__银行账户 6225×××××××2135__

_____

_____

_____

公安局（印）

××年 2 月 3 日

此联交协助查询单位

×××公安局
协助查询财产通知书
（回　执）

×公（×）查财字〔××〕049 号

　　_____ ×× 公安局：

　　根据你局通知，现将犯罪嫌疑人___陈×龙___财产的情况提供如下：__银行账户 6225×××××××2135 的存款余额为人民币 12345.67 元。__

××银行××市××支行（印）

××年 2 月 5 日

此联由协助查询单位填写，退通知机关附卷

（三）《协助冻结/解除冻结财产通知书》的制作方法

《协助冻结/解除冻结财产通知书》由办案单位填写，包含存根联、交协助查询单位联和附卷联。其中，附卷联须获得协助单位的签收盖章。

×××公 安 局
协助冻结/解除冻结财产
通知书
（存　根）

×公（×）冻财/解冻财字〔××〕035 号

案 件 名 称　　陈×龙故意伤害案

案 件 编 号　　A44195353000020130403001

犯罪嫌疑人　　陈×龙　男/女　出生日期　　1981 年 10 月 12 日

协助冻结单位　　××银行××市××支行

冻结/解除冻结

原　　　　因　　保护证据

财 产 类 型　　银行存款

数　　　　额　　人民币 12345.67 元

时　　　　间　　××年 2 月 7 日

批　准　人　　陈×

批 准 时 间　　××年 2 月 6 日

办　案　人　　张×刚　李×惠

办 案 单 位　　××市公安局××分局××派出所

填 发 时 间　　××年 2 月 6 日

填　发　人　　张××

×××公安局
协助冻结/解除冻结财产
通知书

×公（×）冻财/解冻财字〔××〕035 号

　　×× 银行××市××支行　　：

　　根据《中华人民共和国刑事诉讼法》第一百四十四条/第一百四十五条之规定，请予冻结/解除冻结犯罪嫌疑人　　陈×龙　　（性别　男　，出生日期 1981 年 10 月 12 日）的下列财产：

　　类型（名称）　　银行存款　　

　　所在机构　　××银行××市××支行　　

　　户名或权利人　陈×龙　

　　账号等号码　　银行账户 6225×××××××2135

　　冻结数额（大、小写）　人民币壹万贰仟叁佰肆拾伍元陆角柒分（12345.67 元）

　　其他

　　冻结时间从××年 2 月 7 日起至××年 8 月 6 日止。

公安局（印）

×× 年 2 月 6 日

此联交协助单位

×××公安局
协助冻结/解除冻结财产
通知书
（回　执）

×公（×）冻财/解冻财字〔××〕035 号

　　　×× 公安局：

　　根据你局通知，犯罪嫌疑人　陈×龙　在　××银行××市××支行　的
　　银行账户 6225×××××××2135

　　已冻结/解除冻结，此复。

协助冻结/解除冻结单位（印）

×× 年 2 月 8 日

此联由协助单位填写，退通知机关附卷

项目四　鉴定

实验目的和要求

鉴定，是指公安机关、人民检察院指派或聘任具有专门知识的人，就案件中的专门性问题进行鉴别和判断并提供鉴定意见的活动。

鉴定的目的是查明案情，解决案件中的某些专门性问题。公安机关在案件侦查过程中，往往会遇到一些专门性的问题，只有解决了这些问题，才能准确地查明案情。要解决这些专门性的问题，必须运用专门的知识和经验，对案件的某些事实作出科学的鉴定。鉴定人通常由县级以上公安机关的刑事技术人员或者其他专职人员担任，也可聘请公安机关以外的具有专门知识的人担任，但是，鉴定人必须具备鉴定资格。

实验课时安排

4 课时。

实验场所安排

刑事侦查技术实训中心、本班教室等。

实验的准备

了解鉴定的种类：

根据案件需要，鉴定有多种类型，常见的包括刑事技术鉴定、人身伤害医学鉴定、精神病医学鉴定、扣押物品价格鉴定、文物鉴定、珍稀动植物及其制品鉴定、违禁品和危险品鉴定、电子数据鉴定等。

实验内容和方式

一、鉴定的程序及要求

1. 对于有侦查需要又有鉴定条件的，办理案件的侦查人员填写《呈请鉴定报告书》，报请县级以上公安机关负责人批准。

2. 获得批准后，办案人员及时向鉴定人送交有关检材和对比样本等原始材料，介绍与鉴定有关的情况，提出要求鉴定解决的问题，并按照鉴定部门的要求填写鉴定委托书。

3. 鉴定人鉴定后，出具鉴定意见，并在鉴定意见书上签名，同时附上鉴定机构和鉴定人的资质证明或者其他证明文件。

4. 对鉴定意见，侦查人员应当进行审查。审查的主要内容包括：鉴定程序是否违法或者违反相关专业技术要求；鉴定机构、鉴定人是否具备鉴定资质和条件；鉴定人有无故意作虚假鉴定或者违反回避规定；鉴定意见依据是否明显不足；检材是否虚假或者被损坏等情形。

5. 对经审查作为证据使用的鉴定意见，公安机关应当及时告知犯罪嫌疑人、被害人或者其法定代理人，告知时需要制作《鉴定意见通知书》。

二、相关法律文书的制作

（一）《呈请鉴定报告书》的制作方法

呈请鉴定报告书

《呈请鉴定报告书》属于呈请类法律文书，制作方法与常见的呈请类法律文书一致。

犯罪嫌疑人陈×龙，男，1981年10月12日生，汉族，初中文化，出生地××省××县大水沟乡公路管理站，身份证号码53253119811012××××。

现呈请×××公安局法医鉴定中心对张×生伤情进行伤情鉴定，理由如下：

××年2月1日9时许，我所接到××环村富宏家私有限公司员工张×生反映：××年2月1日9时许，富宏家私厂员工陈×龙与其在富宏家私有限公司的出货平台上，因工作的问题，双方发生口角，被害人张×生拿着一根玻璃条想打陈×龙，陈×龙用左手挡住后，并用右手推了一下张×生胸口处，张被推得往后退步时，从出货平台上掉到比平台低约1.30米的地面上，致张×生耳朵流血。现已送医治救治。接到报案后，我分局立即赶赴现场，并到医院询问被害人张×生。经医生诊断，被害人张×生蛛网膜下空出血，脑肿胀；颅内少量积气；右侧颞骨及枕骨骨折；右枕顶部头皮血肿。根据以上案情，我分局已于××年2月1日11时立案侦查。

为了查明张×生的伤情，根据《中华人民共和国刑事诉讼法》第一百四十六条之规定，拟请×××公安局法医鉴定中心对张×生的伤情进行伤情鉴定。

妥否，请批示。

呈请单位：×××公安局××派出所
呈请人：张×亮　戴×坤
××年2月1日

呈请鉴定报告书

领导 批示	同意。 叶××（公章） ××年2月1日
审核 意见	经审核，同意经办单位意见，请批示。 魏××（公章） ××年2月1日
办案 部门 意见	同意经办人意见，呈上级领导批示。 李××（公章） ××年2月1日

（二）《鉴定聘请书》的制作方法

鉴定根据鉴定人的来源，分为指派和聘请两类，如果是公安机关的鉴定人，用指派方式则不需制作《鉴定聘请书》；如果是外单位的鉴定人，则需要聘请，并制作《鉴定聘请书》。

×××公 安 局
鉴 定 聘 请 书
（存　根）

×公（×）鉴聘字〔××〕056 号

案 件 名 称　　陈×龙故意伤害案

案 件 编 号　　A4419535300002013040 3001

犯罪嫌疑人　　陈×龙　　男/女　　出生日期　1981 年 10 月 12 日

鉴 定 内 容　　司法精神病鉴定

被 聘 请 人　　赵×山

单位及职务　　××脑科医院司法精神科主任

鉴 定 意 见

提 交 时 间　　××年 3 月 3 日

批 准 人　　陈×

批 准 时 间　　××年 2 月 2 日

办 案 人　　张×刚　李×惠

办 案 单 位　　××市公安局××分局××派出所

填 发 时 间　　××年 2 月 2 日

填 发 人　　张××

×××公安局

鉴定聘请书

（副　本）

×公（×）鉴聘字［××］056号

　　　　赵×山　　　　：

　　为了查明　　　陈×龙故意伤害　　　案，根据《中华人民共和国刑事诉讼法》第一百四十六条之规定，特聘请你对　　　陈×龙有无精神病及责任能力　　　进行鉴定。请于××年3月3日前将鉴定情况和意见书面送交我局。

公安局（印）

××年2月2日

本聘请书已收到。

被聘请人：赵×山（签字）

××年2月3日

此联附卷

×××公安局

鉴定聘请书

×公（×）鉴聘字［××］056号

　　　　赵×山　　　　：

　　为了查明　　　陈×龙故意伤害　　　案，根据《中华人民共和国刑事诉讼法》第一百四十六条之规定，特聘请你对　　　陈×龙有无精神病及责任能力　　　进行鉴定。请于××年3月3日前将鉴定情况和意见书面送交我局。

公安局（印）

××年2月2日

此联交被聘请人

（三）《鉴定意见通知书》的制作方法

《鉴定意见通知书》由办案人员填写。《鉴定意见通知书》一式三联，一联送被害人或其家属、犯罪嫌疑人签名后附卷，一联交被害人或其家属，一联交犯罪嫌疑人。

×××公安局
鉴定意见通知书
（存　根）

×公（×）鉴通字〔××〕107号

案 件 名 称　<u>陈×龙故意伤害案</u>

案 件 编 号　<u>A4419535300002013040300I</u>

犯罪嫌疑人　<u>陈×龙</u>　<u>男</u>/女　出生日期　<u>1981 年 10 月 12 日</u>

被 害 人　<u>张×生</u>　<u>男</u>/女　出生日期　<u>1972 年 12 月 21 日</u>

鉴 定 内 容　<u>张×生的损伤程度</u>

鉴 定 结 论　<u>轻伤</u>

批 准 人　<u>陈×</u>

批 准 时 间　<u>××年 2 月 2 日</u>

办 案 人　<u>张×刚　李×惠</u>

办 案 单 位　<u>××市公安局××分局××派出所</u>

填 发 时 间　<u>××年 2 月 2 日</u>

填 发 人　<u>张××</u>

×××公 安 局

鉴定意见通知书

（副　本）

×公（×）鉴通字［××］107 号

　　　　张×生、陈×龙　　　：

　　我局指派/聘请有关人员，对　　张×生的损伤程度　　进行了　　伤情　　鉴定。鉴定意见是　　张×生所受损伤已达轻伤，所受损伤是否达到重伤，需待恢复临床稳定后予以补充鉴定。根据《中华人民共和国刑事诉讼法》第一百四十八条之规定，如果你对该鉴定意见有异议，可以提出补充鉴定或者重新鉴定的申请。

　　　　　　　　　　　　　　　　　　　　　　××公安局（印）

　　　　　　　　　　　　　　　　　　　　　　××年 2 月 2 日

本通知书已收到。　　　　　　本通知书已收到。

被害人或其家属：张×生　　　犯罪嫌疑人：陈×龙（捺指印）

××年 2 月 3 日　　　　　　　××年 2 月 3 日

此联附卷

×××公 安 局

鉴定意见通知书

×公（×）鉴通字［××］107 号

　　　　张×生　　　：

　　我局指派/聘请有关人员，对　　张×生的损伤程度　　进行了　　伤情　　鉴定。鉴定意见是　　张×生所受损伤已达轻伤，所受损伤是否达到重伤，需待恢复临床稳定后予以补充鉴定。根据《中华人民共和国刑事诉讼法》第一百四十八条之规定，如果你对该鉴定意见有异议，可以提出补充鉴定或者重新鉴定的申请。

　　　　　　　　　　　　　　　　　　　　　　××公安局（印）

　　　　　　　　　　　　　　　　　　　　　　××年 2 月 2 日

此联交被害人或其法定代理人

×××公 安 局
鉴定意见通知书

×公（×）鉴通字〔××〕107 号

_____陈×龙_____ :

我局指派/聘请有关人员，对_____张×生的损伤程度_____进行了_____伤情_____鉴定。鉴定意见是_____张×生所受损伤已达轻伤，所受损伤是否达到重伤，需待恢复临床稳定后予以补充鉴定。根据《中华人民共和国刑事诉讼法》第一百四十八条之规定，如果你对该鉴定意见有异议，可以提出补充鉴定或者重新鉴定的申请。

××公安局（印）

××年 2 月 2 日

此联交犯罪嫌疑人

项目五 辨认

实验目的和要求

辨认是刑事犯罪案件侦查中经常使用的侦查措施之一。在刑事犯罪案件中，由于被害人与犯罪嫌疑人有过一段正面接触的时间，一般地，都会给被害人留下较深印象；有的犯罪案件在一定的群体中发生，犯罪分子案前、案后的活动也在群体中，相关人员可能有的目睹犯罪活动的实施，有的看到可疑的迹象，有的认识犯罪嫌疑人。因此，可以通过组织被害人、知情人进行秘密或公开辨认，发现侦查线索，甚至可以直接查获犯罪嫌疑人或者澄清相关人员的犯罪嫌疑。

实验课时安排

4 课时。

实验场所安排

刑事侦查技术实训中心、本班教室等。

实验的准备

辨认的准备工作：

1. 确定辨认时间和地点。只要条件允许，侦查辨认应当尽快进行，这样可以避免时间流逝使辨认人的记忆淡化，或与新感知的事物混淆。辨认还要注意环境和时间对辨认人的辨认是否存在影响，如果有影响，应考虑是否需要安排类似于辨认人感知辨认客体时的环境和时间进行，以增强辨认结论的可靠性、准确性。辨认地点一般选择安全、保密、不受干扰、有利于清楚观察辨认客体的形象特征的空间较为合适，多数安排在公安机关内部进行。对人的辨认，公安机关一般都有专门的辨认室，辨认人通过单向透明玻璃进行辨认。组织侦查辨认时还要注意，如果有不宜暴露侦查意图和目的的情况，事先要设计方法予以掩护。

2. 制定辨认方案。辨认活动有的较为简单，有的复杂，侦查人员应当根据辨认活动的具体情况制定辨认方案，即便是简单的辨认活动，也要制定方案，确定工作人员，明确责任，确保各项工作的有效性。辨认方案的内容包括：辨认目的；组织辨认的侦查人员及其分工；辨认形式和方法；确定辨认人，存在多个辨认人和辨认客体时，先后顺序要确定；确定辨认客体、用于混杂的人员和物品，并进行编号；安排辨认的时间、场所等，根据案件需要对场所进行布置，包括灯光、物品摆放位置等；记录形式和要求。

3. 准备辨认条件。根据方案，侦查人员要认真准备辨认所需的一切条件，例如，准备用以混杂的辨认客体。

实验内容和方式

一、辨认的实施

主持辨认的侦查人员应当按照辨认方案，合理分工，各负其责，认真组织实施。不同的辨认客体组织辨认的具体操作要求有所不同：

（一）对犯罪嫌疑人的辨认

对犯罪嫌疑人的辨认是经常开展的辨认，常用的辨认形式有直接辨认和间接辨认，也有公开辨认和秘密辨认等形式。此外，还有模拟画像的辨认、相片的辨认和体态、动作、声音的辨认等形式。

在侦查实践中，破案之前，更多地使用间接辨认和秘密辨认；破案之后，一般采用直接辨认和公开辨认。公开辨认所形成的辨认记录可以作为诉讼证据使用。

对犯罪嫌疑人的秘密辨认主要形式有三种：①侧面辨认，是指侦查人员安排被害人和知情人在一定距离之外，秘密对来往行人进行暗中辨别，指认犯罪嫌疑人的活动。

所以，侧面辨认最重要的问题是选择合适的辨认地点和时间。辨认地点要满足两个方面的要求：一是保密，不会引起犯罪嫌疑人和路人的怀疑和好奇而予以注意；二是可以清楚地看到犯罪嫌疑人，以便辨认人对其准确识别。辨认时间应当选择被辨认人会出现的时间段。②正面辨认，是指在侦查人员的安排下，辨认人与犯罪嫌疑人直接接触，共同开展一定的活动，在活动中，辨认人对犯罪嫌疑人进行辨别与确认。这种方式一般适用于辨认人对被辨认人的外貌特征不清楚，但对其肢体动作、语言、体味等有较为深刻印象的情形。③寻查辨认，是指当对案件犯罪嫌疑人的外貌特征有比较清楚的把握时，由侦查人员带领辨认人到犯罪嫌疑人经常出现的场所的周围来回巡走或开展其他活动，通过对过往行人、客人、工作人员等的辨别认定，发现犯罪嫌疑人。

（二）人像的辨认

所谓人像的辨认，是指对与案件有关人员的照片、模拟画像、视频图像等的辨别与认定，主要是涉案的被害人或犯罪嫌疑人。对人像的辨认实质是对人的间接辨认。实践中使用较多的是对照片的辨认，尤其是不知名尸体的辨认，基本上都要使用尸体相片的辨认。近年来，随着模拟画像技术的逐步推广和运用，不知名白骨化的尸骨和犯罪嫌疑人模拟画像辨认也越来越多。公共安全视频监控系统的作用得到广大群众的认同和推崇，其建设方兴未艾，与犯罪案件有关的人员在一定视频监控系统留下图像的可能性进一步增大，为此，视频图像的辨认也被引入到侦查中，并被迅速推广。与对被辨认人及尸体的直接辨认相比，人像的辨认具有很多优势：①携带方便、省力、隐蔽，有利于侦查人员深入群众中调查，短时间内运转多个地方组织辨认；②可以多次重复使用，组织更多的人员进行辨认，也有利于保存并在相当长的一段时间内不断使用；③由于不直接面对尸体、犯罪嫌疑人等，可以使辨认人精神更为放松，提高辨认的准确性。

人像的辨认形式可以是秘密辨认，也可以是公开辨认，还可以是寻查辨认；也可以将多种形式结合起来进行。对不知名尸体的辨认基本上采用的是公开的寻查辨认，即由侦查人员携带死者相片到其生前可能活动的地方公开请求群众辨认；或者采用通报形式，在报纸、电视台、互联网登载，在街头巷尾张贴，寻求群众支持。

（三）物的辨认

所谓物的辨认，就是对可疑涉案物品是否为本案涉及物品的辨别和认定。侦查实践中，物的辨认内容常见的有：①作案工具，如凶器、枪支、弹药、钳子、钥匙、手套、面具、假发、刀、账本、票据等；②现场遗留物，即犯罪嫌疑人在犯罪过程中遗留在现场的物品，如犯罪嫌疑人衣服上的扣子、纤维、笔记本、钥匙等；③赃物，如被盗窃的现金、存折、电视机、电脑等；④遗物，即死者随身携带的物品和穿着的衣物等。通过物的辨认，可以识别和了解物品为谁所有，谁曾经占有或持有、使用，物品与案件相关的流转过程等案情，是案件侦查从物到人发现侦查线索、缩小侦查范围、收集侦查证据的一个常用侦查途径。

对物的辨认可以采取直接辨认物品，也可以采用间接辨认物品的相片；可以采用公开辨认，也可以采取秘密辨认。选择辨认形式，一定要根据案件所处的侦查环境合理确定，如对死者遗物的辨认，多数情况下采取公开的辨认形式，辨认遗物照片；在发现对遗物比较了解的人员时，采取公开的直接辨认物品的形式。对赃物的辨认多数先采用秘密辨认，即对通过密搜、密取、密拍等秘密侦查措施获得的可疑物品相片进行间接辨认，在得到一定线索之后，采取其他侦查措施合法取得证据后，采用公开的直接辨认予以确认和取证。对赃物的公开辨认常常还能够发现和深挖一些隐案、积案。

（四）犯罪场所的辨认

对犯罪场所辨认的目的主要是：①确认犯罪现场及与犯罪有关的其他场所的具体位置，证实犯罪行为和进一步发现、获取新的犯罪线索与证据；②通过辨认人，尤其是犯罪嫌疑人对犯罪现场或匿尸、藏赃、抛弃作案工具等其他与犯罪有关物品的具体地点的辨认，甄别犯罪嫌疑人供述的真伪。把辨认过程予以记录，则是揭露、证实犯罪的重要证据资料。

对犯罪场所进行辨认时，侦查人员除了对辨认人进行详细的事先询问之外，还要根据辨认人的供述位置分别采取不同方式，或组织或押送辨认人到其所描述的地点进行辨别认定。确认之后，则要注意决定是否对相关场所及时进行勘查或搜查，进一步获取证据。特别要强调的是，对于辨认过程，一定要做好规范的记录，满足诉讼证据形式和内容的要求，确保其有效性。

（五）不知名尸体的辨认

对不知名尸体的辨认，其目的是确认死者的身份与生前行踪情况。多数杀人案件是在案件侦查工作的初始阶段进行辨认，因为，确定死者身份是侦查的关键步骤。

一般地，杀人案件的尸体容貌比较脏乱和恐怖。辨认之前，应当先对尸体进行必要的清洗与化妆，裂开的伤口要缝合，想方设法地尽量恢复其生前容貌，去掉恐怖性；同时，要注意发现、记录尸体的各种特征。对不知名尸体的辨认常用两种方式：①直接辨认尸体和死者遗物；②辨认尸体和死者遗物的照片。直接辨认尸体和遗物，一般辨认范围较小，往往是以发现尸体的地点为中心，由近及远地组织现场周围群众前来停尸地点辨认；没有实现预期目标时，则需要扩大范围，采取间接辨认尸体和遗物照片的方法进行，往往由侦查人员携带照片深入到死者生前可能活动的地区走街串巷进行寻查辨认，也可结合在报纸、电视、网络等登载通告方式寻找辨认。

二、辨认的记录工作

对辨认经过和结果，应当制作《辨认笔录》，由侦查人员、辨认人、见证人签名。必要时，应当对辨认过程进行录音或者录像。

（一）《辨认笔录》的制作方法

《辨认笔录》是法定证据形式之一，必须依法客观、全面、准确地记录。《辨认笔录》由组织实施辨认的负责人填写。其中辨认的过程和结果应当包含：事先询问被辨认对象的特征；辨认的组织经过，如辨认的照片有几张、要求被辨认人做了哪些动作、说了什么话等；以及辨认的结果。

辨认笔录

时间：××年2月3日21时50分至××年2月3日22时12分

侦查人员姓名、单位：张×刚　　××市公安局××分局××派出所

记录人姓名、单位：李×惠　　××市公安局××分局××派出所

当事人：张×生

对象：不同男性的正面免冠照片12张

见证人：赵×　　××市××区××社区居民

其他在场人员：无

事由和目的：让辨认人辨别、确定本组照片是否有本案犯罪嫌疑人及具体行为。

地点：××市公安局××分局××派出所

过程和结果：辨认人张×生是××年2月1日发生在××市××区环村富宏家私有限公司的出货平台一宗故意伤害案的被害人。据张×生反映：××年2月1日9时许，其上班时与一名不知名的工友发生口角后被其推倒受伤。张×生虽然不知道该名男子的真实姓名，但是能够认出其样貌，为此侦查人员将事先准备好的不同男性的正面免冠照片12张（其中有本案犯罪嫌疑人照片1张）打印在一张白纸上，编为1～12号，向张×生说明要求后，在××市××区××社区居民赵×的见证下，将照片拿给张×生进行辨认。

张×生（捺指印）

第 1 页 共 2 页

张×生将全部照片认真仔细地看了一遍，然后指出11号照片上的男子就是在××市××区环村富宏家私有限公司对其实施伤害的男子。

至此，辨认结束。

侦查人员：张×刚

当事人：张×生（捺指印）

见证人：赵×（捺指印）

记录人：李×惠

其他在场人员：无

辨认照片

（1）　（2）　（3）　（4）

（5）　（6）　（7）　（8）

（9）　（10）　（11）　（12）

以上 11 号照片上的男子就是在××市××区环村富宏家私有限公司对我实施伤害的男子。

张×生

×× 年 2 月 3 日

辨认照片说明

辨认照片编号对应姓名一览表：

1. ×××

2. ×××

3. ×××

4. ×××

5. ×××

6. ×××

7. ×××

8. ×××

9. ×××

10. ×××

11. 陈×龙（犯罪嫌疑人）

12. ×××

××公安局××分局××派出所（公章）

××年 2 月 3 日

（二）辨认录像和录音的制作方法

组织辨认时，有条件的尽量进行全程录像。录像内容包括侦查人员的组织活动、辨认的场所、事先询问情况、混杂情况、辨认人的辨认过程等。录像能详细、全面、真实地记录侦查辨认的整个过程，为下一步对辨认结果进行审查判断提供完整准确的依据，也是对辨认结果有争议时警方可以出示的最有力的证明资料。根据侦查的需要，也可以在辨认的过程中单独进行录音。

录像和录音必须保证真实性和完整性。

📝 **实验注意事项**

一、辨认的原则

从心理学的角度看，人的辨认过程是人类的一系列认知心理活动过程。辨认是通过辨认主体观看辨认客体，在大脑中将此客体同以前看到后保存在记忆中的客体形象加以比对，并作出辨认客体与曾经看到的那个客体是否同一的结论来实现的。辨认的科学依据在于事物的稳定性和特定性，同时事物的相关特征也在辨认人的大脑有所反映，从而使辨认结果经常受到各种相关因素影响而出现错误。

实践证明，辨认结果的准确性、可靠性、有效性主要决定于三方面因素：①辨认人感知过程的环境和辨认人自身的感官条件；②辨认客体的形象特征是否明显可辨；③辨认活动过程是否科学合法。前面两个因素是客观因素，不受侦查人员的控制，第三个因素则完全取决于侦查人员的操作过程和水平。为了减少辨认结果的错误，实施辨认措施时应当严格遵守以下原则：

（一）事先询问原则

事先询问原则是指在辨认人辨认之前，侦查人员应当对辨认人进行详细询问，并对辨认人的辨认能力作出判断。询问内容主要包括两个方面：①辨认客体的特征，包括形象特征、习惯动作特征、语音特征等；②辨认人感知辨认客体时的自身的状况和客观环境条件。

1. 辨认客体的形象特征。任何可见的客体物，受其自身稳定性和特定性属性的决定，总是以一定的形象特征给人们留下印象，并把自身与其他事物区别开来。这也就说，要把一个可见的事物与其他可见的事物区别，起码要掌握其形象特征。如对犯罪嫌疑人的辨认，辨认前，应详细询问被辨认人的外貌特征，即年龄、性别、身高、体型、脸型、面部五官、头发、肤色、气质、习惯性动作等；对头发要注意询问其长度、颜色、发型、是否染发烫发、是否秃顶、是否戴发夹等；对面部五官要注意询问其形状、分布和组合特点；习惯性动作可从姿势、步法、手势、面部表情等方面询问；尤其要注意询问外貌特征中那些具有特别意义的记号和标志，如文身、疤痕、痣、缺耳、缺指等。还要注意掌握哪些特征是稳定的，哪些是可随着时间或人为改变而变化的。此外，还要询问有没有一些由于犯罪而附加的特征，如沾染油漆、血液，受伤等。

2. 辨认人感知辨认客体时的自身状况和客观环境条件。通过对辨认人的事先询问，实现判断辨认人是否具备辨认能力，掌握评判辨认结论的依据。具体来说，主要有以下目的：①了解辨认人的精神状态是否正常，是否具有正确认识辨认客体应当具备的知识，如记忆能力、识别能力、表达能力等。②了解辨认人对辨认客体的熟悉程度，是否准确掌握了辨认客体的种类特征和特有特征。③辨认人在感知辨认客体时的主观和客观情况。主观情况是指辨认人在感知辨认客体时的精神是否处于正常清楚状态，是否存在由于恐惧而出现临时性大脑空白或只是关注到某一个点等问题，从而影响其全面客观感知事物；感知时是十分关注辨认客体，还是不大经意感知等。客观情况是指辨认人感知辨认客体时周围的环境情况，如气候、光线光源、距离、时间、人员车辆的流通量等，这些客观环境情况对于感知有关事物，可能产生一定的作用。

（二）混杂辨认原则

辨认时应当将辨认对象混杂在特征相类似的其他对象中。辨认犯罪嫌疑人时，被辨认的人数不得少于 7 人；对犯罪嫌疑人照片进行辨认的，不得少于 10 人的照片；辨认物品时，混杂的同类物品不得少于 5 件。对场所、尸体等特定辨认对象进行辨认，或者辨认人能够准确描述物品独有特征的，陪衬物不受数量的限制。就是说，无论是对人还是对物的辨认，一般不能只将辨认客体单独提供给辨认人进行辨认，而必须将辨认客体置于一定数量的形象特征相近的同种类物品之中提供给辨认人辨认。

辨认不知名尸体、犯罪场所时，混杂辨认存在实际的困难，一般不实行混杂辨认。为发现犯罪嫌疑人日常生活、工作的场所进行的秘密辨认，辨认对象实际上处于自然混杂的状态中，也不需混杂辨认。对于为了查明物品的所有人或曾经使用者、携带者，或者物品的生产、使用、销售范围的辨认，也不要求进行混杂辨认。

（三）分别辨认原则

几名辨认人对同一辨认对象进行辨认时，应当由辨认人个别进行。如果存在两个以上的辨认人或者辨认客体，进行辨认时，必须分别单独进行辨认。即有两个以上的辨认人要对同一辨认客体进行辨认时，应该让辨认人分别单独进行辨认；辨认人要对两个以上辨认客体进行辨认时，必须把辨认客体分别出示，逐个进行辨认。

分别辨认，可以避免辨认人相互干扰，独立进行分别认定；可以避免由于多个辨认客体同时出现造成辨认人的记忆混乱，影响辨认结果的客观性、准确性、可靠性。

（四）自主辨认原则

组织辨认时，不得给辨认人任何暗示。即要求侦查人员绝对不能以任何语言、动作、手势、表情等对辨认人施加明的或暗的影响，以保障辨认人按照自己的意思进行辨认。

应该注意的是，侦查人员必须注意把为辨认人提供必要的辨认条件与影响辨认人自主辨认的情况区别开来，确保辨认人在平静的情绪中完成辨认活动。

（五）依法辨认原则

辨认是一项法定侦查措施。依照法律规定，辨认应当在侦查人员的主持下进行。主持辨认的侦查人员不得少于 2 人。辨认经过和结果，应当制作辨认笔录，由侦查人员、辨认人、见证人签名。

二、辨认的实施

略。

三、辨认结果的审查判断

辨认是同一认定的一种形式，但与刑事科学技术中的同一认定有很大区别，尤其在证据的可靠性、科学性上有较大的差距。因为，辨认是一种大致类似的主观上的辨别认定，而且，辨认客体的相似性，尤其是目前现代科学技术的发展促使社会生产往往是一种机械化批量生产，产品的规格、大小、颜色等是标准化的，难以区分，造成辨认可借以辨别的特征越来越少，细节更为细微，所以，辨认的结果必须经过审查判断才能作为据以开展侦查的线索，也必须与其他证据相互印证才能作为定案的依据。

对辨认结果的审查，应注意：

1. 审查辨认人身体与精神状态的影响。

2. 审查辨认客体特征形态和暴露情况的影响。

3. 审查辨认客体特征的改变情况。

4. 审查辨认主体与辨认客体之间是否存在利害关系。

5. 审查辨认环境条件的影响。

6. 审查辨认时间条件的影响。

7. 审查侦查辨认组织过程的影响。

项目六　通缉、通告

实验目的和要求

通缉，是指公安机关在侦查阶段，以发布通缉令的形式，对应当逮捕而在逃的犯罪嫌疑人，通令缉拿归案的一种侦查措施。通缉令是指公安机关依法发布的缉捕在逃犯罪嫌疑人的书面命令。通缉令涉及被通缉对象的人身自由，必须严格依照法定的程序和要求来发布。

悬赏通告是指公安机关为发现重大犯罪线索，追缴涉案财物、证据，查获犯罪嫌疑人，在一定范围内向群众公布案情，并向群众承诺实行奖励的一种侦查行为。悬赏通告是侦查破案专门工作与群众工作相结合的一种侦查手段，是在市场经济条件下，调动广大人民群众的积极性，共同与犯罪分子作斗争的一种方法。

实验课时安排

4 课时。

实验场所安排

刑事侦查技术实训中心、本班教室等。

实验内容和方式

一、发布《通缉令》的程序及要求

（一）办案人员申请发布《通缉令》

1. 通缉的对象范围。通缉的对象只能是应当逮捕而在逃的犯罪嫌疑人，包括越狱逃跑的犯罪嫌疑人、被告人或者罪犯。

2. 办理的法律手续。应当逮捕的犯罪嫌疑人如果在逃，办案人员应当填写《呈请发布通缉令报告书》，提请县级以上公安机关负责人批准。获得批准后，填写《通缉令》。

（二）公安机关发布《通缉令》

1. 发布《通缉令》的范围。县级以上公安机关在自己管辖的地区内，可以直接发布《通缉令》；超出自己管辖的地区，应当报请有权决定的上级公安机关发布。《通缉令》的发送范围，由签发《通缉令》的公安机关负责人决定。

按照《通缉令》发布的行政区域的范围，可分全国通缉令、省级通缉令、市级通缉令和县级通缉令。考虑到人员流动范围和通缉效果，一般后两者较少使用。

全国通缉令是由我国公安部发布的在全国范围内通缉重大在逃人员的措施。分为A、B级通缉令。公安部A级通缉令是指为了缉捕公安部认为应该重点通缉的在逃人员而发布的命令。公安部B级通缉令是指应各省（直辖市、自治区）级公安机关的请求而发布的缉捕在逃人员的命令。对重大在逃人员实行"A、B级通缉令"是从1999年底（参自公通字〔1999〕91号文件）才开始实行的，同时开始实行对抓获被通缉人或提供有关关键线索的有功者重奖的机制，通常是"A级"不少于5万元，上不封顶；"B级"不少于1万元。

省级通缉令是经过省、自治区、直辖市公安厅局长批准在该省、自治区、直辖市范围内通令缉拿在逃犯罪嫌疑人的书面命令。

2. 发布《通缉令》的方式。《通缉令》的发布方式主要有以下四种：直接发给有关公安机关、保卫部门、居民委员会和治保会等；通过新闻媒介（如电视、广播、报刊等）发布；张贴在有关场所，向社会公开通缉；在公安系统计算机网络或公众计算机网络上公布。

实践中，可以单独使用上述某种方式，也可以同时使用两种以上方式发布《通缉令》。对于任何《通缉令》来说，只有发动群众的力量才能最大限度地发挥其威力。公安机关应该注重通过与一些主要媒体的合作来进一步扩大《通缉令》的社会影响，使它在惩罚遏制犯罪、体现法律的公正和效率方面起到更突出的作用。

（三）通缉措施的落实

各地公安机关接到《通缉令》后，应当及时布置查缉，采取措施，围追堵截。要组织公开或者秘密力量对被通缉人可能涉足或者隐藏的地方，如车站、码头、机场、集市、旅店、交通要道等，进行有效的控制，并随时与打击现行犯罪、对特种行业进行治安管理结合起来进行查缉，形成追捕缉拿犯罪嫌疑人的网络，同时，对被通缉的人可能攻击的对象加强保护措施。

抓获犯罪嫌疑人后，应当迅速通知《通缉令》发布机关，并报经抓获地县级以上公安机关负责人批准后，凭《通缉令》羁押，《通缉令》发布机关应当立即进行核实，并及时依法处理。

犯罪嫌疑人已经自动投案、被击毙或者被抓获，以及发现有其他不需要采取通缉的情形的，经查证核实，发布机关应当在原通缉范围内，发布《关于撤销通缉令的通知》，撤销通缉措施。

二、通缉措施相关法律文书的制作

（一）《通缉令》的制作方法

《通缉令》由发布通缉令的公安机关填写，包含存根联、公安机关对内发布联和对外发布联。发布联应当尽可能写明被通缉人的姓名、别名、曾用名、绰号、性别、年龄、民族、籍贯、出生地、户籍所在地、居住地、职业、身份证号码、衣着和体貌特征、口音、行为习惯，并附被通缉人的近期照片，还可以附指纹及其他物证的照片。除了必须保密的事项以外，应当写明发案的时间、地点和简要案情。

《通缉令》发出后，如果发现新的重要情况可以补发通报。通报必须注明原《通缉令》的编号和日期。

×××公 安 局
通 缉 令
（存　根）

×公（×）缉字〔××〕005 号

案 件 名 称	陈×龙故意伤害案
案 件 编 号	A44195353000020130403001
被 通 缉 人	陈×龙　　男/女　出生日期　1981 年 10 月 12 日
身 份 证 号 码	53253119811012×××
住　　　　址	××区大环村×××出租屋
单 位 及 职 业	××市××区环村富宏家私有限公司员工
通 缉 时 间	××年 2 月 2 日
批 准 人	陈×
批 准 时 间	××年 2 月 2 日
办 案 人	张×刚　李×惠
办 案 单 位	××市公安局××分局××派出所
填 发 时 间	××年 2 月 2 日
填 发 人	张××

通　缉　令

×公（×）缉字〔××〕005 号

　　犯罪嫌疑人的基本情况、在逃人员网上编号、身份证号码、体貌特征、行为特征、口音、携带物品、特长：犯罪嫌疑人陈×龙，男，1981 年 10 月 12 日生，出生地××省××县，身份证号 53253119811012××××，哈尼族，初中文化，现住××区大环村×××出租屋。在逃人员网上编号：T441953530000201302××××。陈×龙身高 168 厘米，体态中等，右手上臂外侧有一龙形文身，四川口音，会驾驶汽车。

　　发布范围：　　全市

　　简要案情：××年 2 月 1 日 9 时许，××市××区发生一起故意伤害案件，伤 1 人。经工作查明，陈×龙有重大作案嫌疑，现在逃。

　　工作要求和注意事项：请各地公安机关接此通缉令后，立即部署查缉工作，发现该犯罪嫌疑人即予拘留，并速联系下方联系人。

　　联系人、联系电话：　张×刚　李×惠　07××-6623××××

　　附：1. 犯罪嫌疑人照片、指纹。

　　2. 犯罪嫌疑人社会关系。

　　3. DNA 编号。

××公安局（印）

××年 2 月 2 日

　　抄送部门：＿＿＿＿＿＿＿＿＿＿＿

（注：此联用于对内发布）

通　缉　令

×公（×）缉字〔××〕005 号

犯罪嫌疑人的基本情况、身份证号码、体貌特征、行为特征、口音、携带物品、特长：犯罪嫌疑人陈×龙，男，1981 年 10 月 12 日生，出生地××省××县，身份证号 53253119811012××××，哈尼族，初中文化，现住××区大环村×××出租屋。陈×龙身高 168 厘米，体态中等，右手上臂外侧有一龙形文身，四川口音，会驾驶汽车。

发布范围：　　全市　　

简要案情：××年 2 月 1 日 9 时许，××市××区发生一起故意伤害案件，伤 1 人。经工作查明，陈×龙有重大作案嫌疑，现在逃。

注意事项：对发现线索的举报人、协助缉捕有功单位或个人，将给予人民币 1000 元奖励。

联系人、联系方式：　张×刚　李×惠　07××-6623××××　

附：犯罪嫌疑人照片。

××公安局（印）

××年 2 月 2 日

（注：此联用于对外发布）

（二）《关于撤销通缉令的通知》的制作方法

《关于撤销通缉令的通知》由原发布《通缉令》的公安机关填写和发布，包含存根联和正页。

×××公安局

关于撤销×字〔××〕005号通缉令的通知

（存　根）

×公（×）撤缉字〔××〕005号

案 件 名 称　　陈×龙故意伤害案

案 件 编 号　　A44195353000020130403001

被 通 缉 人　　陈×龙　男/女　出生日期　1981年10月12日

身 份 证 号 码　　53253119811012××××

住　　　　址　　××区大环村×××出租屋

单 位 及 职 业　　××市××区环村富宏家私有限公司员工

通 缉 时 间　　××年2月2日

撤 销 原 因　　通缉对象已抓获

批 准 人　　陈×

批 准 时 间　　××年2月8日

办 案 人　　张×刚　李×惠

办 案 单 位　　××市公安局××分局××派出所

填 发 时 间　　××年2月8日

填 发 人　　张××

关于撤销×字〔××〕005号

通缉令的通知

×公（×）撤缉字〔××〕005号

发布范围：　全市

内容：

　×字〔××〕005号通缉令通缉的　陈×龙，于　××　年2月　7日在　×省×市×区　已　被抓获　，请撤销通缉工作。

××公安局（印）

××年2月8日

抄送部门：

三、《悬赏通告》的适用条件和发布程序

（一）《悬赏通告》适用的条件

公安机关不得随意发布《悬赏通告》，应根据侦查工作的具体进展情况和客观需要而定。发布《悬赏通告》必须符合以下条件：

1. 适用于社会危害性和社会影响较大的案件。一些暴力程度高、犯罪手段特别残忍或者涉案金额巨大的系列犯罪案件，往往受到较多的关注，社会影响恶劣。对此，侦查机关为快速侦破此类案件，消除负面影响，还人心安定，还社会和谐稳定，才可以对上述案件的犯罪嫌疑人和涉案物品发布《悬赏通告》。

2. 对象必须具有明显的外在特征。如果悬赏对象是人，则要掌握其身高、外貌、体重、口音等明显的特征；如果悬赏的对象是物，则要掌握物品的类别、规格等明显的特征。让公民对悬赏对象的特征知晓程度越高，《悬赏通告》发布后破案的可能性就越大。反之，悬赏对象特征不明显，公民对悬赏对象特征的知晓程度不高，那么悬赏通告就难以收到好的效果，发布《悬赏通告》的意义就不大，侦查机关就应另寻破案途径。

3. 悬赏通告是重要的破案途径，如果有破获案件的其他途径，一般不宜使用《悬赏通告》。因为使用《悬赏通告》可能会带来一些负面的影响，例如，造成侦查机关的依赖心理，使得一些侦查人员案发后不积极寻找破案线索，而寄希望于《悬赏通告》；损害侦查机关的形象，给老百姓留下侦查机关无能和办案人员坐等案件线索的印象；增加侦破成本，毕竟悬赏通告承诺有"赏"而且必须将"赏"兑现。所以，公安机关须慎用悬赏通告措施。

侦查机关应综合考虑上述三个条件后决定是否发布《悬赏通告》。实践中，公安机关发布的《悬赏通告》主要有三种：缉拿重大犯罪嫌疑人《悬赏通告》；查找被监控拍摄的犯罪嫌疑人《悬赏通告》；以及查找"侦查模拟画像"中的犯罪嫌疑人《悬赏通告》。

（二）发布《悬赏通告》的程序

1. 办案人员选择发布《悬赏通告》的形式和范围，制作《呈请悬赏通告报告书》，报请县级以上公安机关负责人审批。

2. 经县级以上公安机负责人批准后，办案人员制作《悬赏通告》。

3. 广泛张贴《悬赏通告》，并可以通过广播、电视、报刊、计算机网络等方式发布。按照公安部"破案追逃新机制"的要求，以下三种在逃人员必须在规定时间内上公安网发布通告追逃：①1999 年 7 月 1 日以后，已经办理了刑拘、逮捕等手续的在逃人员要在 1 个月以内上网；②看守所脱逃的在逃人员要随时上网；③案情重大、紧急、情况特殊的在逃人员，经过市（地区）级以上公安机关负责人批准，可先上网，然后

补办刑拘、逮捕法律手续。

4. 犯罪嫌疑人自首、被击毙、被抓获以及发现有其他不需要采取《悬赏通告》的情形时，发布机关应当在原通告范围内，撤销《悬赏通告》。

5. 核查有关线索，兑现赏金。对来自各个方面的线索，《悬赏通告》发布单位都应当进行查证、甄别，实事求是地判定该线索的价值，然后根据价值的大小，支付赏金，不得以任何理由否定线索的价值。对于直接提供破案线索，直接协助公安机关抓获犯罪嫌疑人或追回涉案财物、证据的公民，公安机关应及时兑现《悬赏通告》中承诺的赏金，坚决做到取信于民。

四、《悬赏通告》的制作

悬赏通告应当写明悬赏对象的基本情况和赏金的具体数额。此外，如果悬赏的对象是人，则应写明犯罪嫌疑人的姓名、别名、曾用名、绰号、性别、年龄、民族、籍贯、出生地、户籍所在地、居住地、职业、身份证号码（包括居民身份证、护照、机动车驾驶证、工作证等）、衣着特征、体貌特征及携带物品特征，并附上犯罪嫌疑人的近期照片。如果悬赏的对象是物，则应写明物品的名称、型号、规格、数量、质量、重量、特征等。《悬赏通告》还应清楚写明警方依法承担保密义务和警方的联系方式。

项目七 侦查讯问

实验目的和要求

侦查讯问是在侦查工作的深入阶段，侦查人员为了收集证据，追缴赃物，追捕同案犯，揭露和证实犯罪，而依法对犯罪分子或重大犯罪嫌疑分子进行的一种面对面的审查。通过侦查讯问实验，学生应基本掌握侦查讯问的方法、技巧、法律程序，讯问犯罪嫌疑人的策略和讯问语言的运用，能熟练地对不同对象进行侦查讯问，并能根据有关法律的规定制作讯问笔录，形成严格依法讯问的观念。

实验课时安排

4课时。

实验场所安排

刑事侦查技术实训中心、本班教室等。

实验的准备

一、实验器材

1. 多媒体教室（或幻灯机、投影屏幕、投影机等）。
2. 讯问照片、音像资料。
3. 讯问笔录纸、笔、印泥、拘传证和相关法律手续、文书等。

二、实验准备

1. 选择实验案例。选择若干个不同类型的侦查案例，案例尽量详细，案件中人物、时间、地点、情节等要素清楚，以便于学生分析研究。讯问实验，应以各地总结出的预审工作较好的案例为蓝本，根据教学的需要进行适当编排，围绕需要查明的问题，分设若干角色，如犯罪嫌疑人、同案犯、犯罪嫌疑人的亲友、知情人等，然后组织学生分别扮演不同角色进行实验。

2. 精心设计实验方案。实验教师应以所选侦查案例为素材，根据教学大纲的要求，拟订出讯问实验教学的具体方案。实验中可根据需要设置以下障碍，以验证学生能否掌握实验内容的各个知识点。

3. 学生分组和角色分工，明确各自职责和工作内容。参加实验的学生除少数扮演"犯罪嫌疑人"外，其余都是侦查人员的身份。由于侦查人员人数过多，可以分成若干个实验小组，每个小组的人数5人为宜。

4. 设计布置实验场地。讯问实验场地的布置，既可在犯罪现场模拟实验室进行，也可根据设计的案情选择其他适当处所进行。所设计的讯问实验室应该符合预审工作实际需要，以增加实验的真实性，保证教学效果。

5. 在实验之前，实验指导教师对扮演被讯问对象、报案人、知情人等的学生，做好案情布置和保密教育，指导他们如何正确回答侦查人员的讯问或询问。

6. 准备必要的实验器材。实验器材主要包括：讯问笔录纸、笔、印泥、拘传证和相关法律手续、文书等。

实验内容和方式

一、第一次讯问

讯问（初审）实验，是指实验小组的学生对犯罪嫌疑人进行第一次讯问，方法因人而异（是否有前科，是否有较强的反审讯情绪和心理状态），主要采取操作性实验方法进行。操作步骤如下：

1. 在教室中，实验教师一方面要对全班学生讲述实验的内容、目的和要求，另一方面，要详细讲述案情，或将印制好的案情材料发到各实验小组。

2. 学生必须针对教师所发的案情资料，在熟悉内容的基础上认真分析案情，并制订具体的初次讯问计划，明确讯问所要解决的主要问题。制订初次讯问计划，要区别不同性质的案件，不同年龄、性别、经历、气质、性格、文化程度、偶犯还是惯犯、作案动机等具体情况，具体分析其犯罪心理，然后根据讯问过程中的不同情况，采取相应对策。

3. 将犯罪嫌疑人（学生扮演）带入讯问实验室，实验中按照实战要求加强警戒。

4. 讯问开始，侦查人员（学生扮演）先亮明讯问人员身份，告知犯罪嫌疑人的诉讼权利和义务。如果犯罪嫌疑人对侦查人员提出回避申请，应该再现回避申请的处理程序。如果犯罪嫌疑人提出聘请律师的要求，可以按照法律规定，给予解决。

5. 讯问犯罪嫌疑人的基本情况。应该先对犯罪嫌疑人提出以下问题：犯罪嫌疑人是否有犯罪行为、是否有前科（让犯罪嫌疑人作有罪的陈述或无罪的辩解）。

6. 在讯问内容的侧重上，应先围绕有无犯罪事实进行讯问，然后围绕案件的具体内容展开讯问。注意提问的方式、方法和策略，在犯罪嫌疑人承认犯罪，并作出某些有罪供述时，要善于抓住战机，及时追查清楚主要事实和情节。

7. 做好结束讯问的工作，例如：巩固犯罪嫌疑人口供，让其回去反省，施加心理压力等。

8. 在讯问的同时还要按照要求制作讯问笔录，讯问结束后交犯罪嫌疑人检查有无错误，经检查无误后签名。

9. 实验结束后，由教师根据学生在实验中的表现和制作讯问笔录的质量，逐个进行评判，并按百分制计分。

二、复审

讯问（复审）实验能让学生全面体验讯问过程中讯问策略、方法和讯问语言的运用，初步掌握复审阶段讯问的基本策略、方法和技巧，掌握讯问笔录的制作。讯问（复审）实验采取操作性实验方法进行。

1. 实验教师在教室讲述案情，或将印制好的案情材料发到各实验小组。在实验内容安排上，可根据需要设置障碍（如证据缺乏或证明力不足），以全面深入考查学生对实验内容中各个知识点的掌握。

2. 由于复审阶段材料多，实验要求高，学生必须在实验前认真掌握教材中的相关知识。特别在实验准备阶段，学生必须认真阅读教师发的案情资料，在熟悉材料的基础上认真分析案情，制订详细的讯问计划，并在讯问过程中及时调整、修正甚至重新制订讯问计划。

3. 将犯罪嫌疑人（学生扮演）带入讯问实验室，实验中按照实战要求加强警戒。

4. 讯问过程注意证据的有效使用，选准突破口，争取一举突破全案。

5. 突破后，要继续查清案件的全部事实。

6. 实验结束后，教师根据学生在实验中的表现和制作讯问笔录的质量，逐个进行评判，并按百分制评分。

实验注意事项

1. 必须遵守侦查讯问的各项规则，要根据犯罪嫌疑人心理状态正确运用讯问的各种策略、方法和技巧。

2. 实验必须在教师的组织下进行，学生以小组为单位进入实验现场，学生必须明确各自角色的性质。

3. 参加实验的学生，应以小组为单位制作讯问笔录，笔录应严格遵循制作规范。另外，每位参加实验的学生必须写出实验报告（经验总结、心理体验报告）。

实验案例

一、第一次讯问案例

（一）案情

事由：抢劫汽车现金案

犯罪嫌疑人：刘××，雇佣驾驶员，××市永福镇文星村人

报案人：陈××（汽车车主，车牌号闽 F19470），××市龙门镇石毕村人

发案经过：该汽车由驾驶员刘××驾驶运松焦油前往晋江磁灶卸货后，于××年9月12日中午带货款 12 500 元，放在驾驶室门内，回××市。行至和溪路段（发生时间 12 日晚 11 时左右）发生抢劫。据驾驶员说：行至××县与和溪路段的上坡时，有三人乘坐一部嘉陵 70 摩托车进行抢劫。犯罪嫌疑人从驾驶员身上抢去人民币约 250 元左右后，又从驾驶室内抢去人民币 12 500 元。驾驶员手臂上和身上多处受伤。驾驶员在 13 日 5 时左右回到××市龙门镇石毕村，向车主报告此事。驾驶员说他当时就向和溪派出所报了案，该派出所已经派人勘查了现场。

车主通过观察，结合与驾驶员的交谈内容，怀疑该驾驶员报假案，理由如下：

（1）该驾驶员是漳平永福人，因 12 日没有堵车，从时间算很可能该驾驶员先回永福再回××市。

（2）车上现金所放地点不太可能被不知情的人发现。

（3）该驾驶员身上现金被抢后，汽车通过检查站时是不可能放行的。

（二）"犯罪嫌疑人"的情况

刘××，又名刘××，男，1971 年 5 月初八生，汉族，××省漳平人，家住××市永福镇文星村，小学文化程度，汽车驾驶员。

个人简历：7~12 岁，在文星小学读书；12~16 岁，在家做豆腐；16~19 岁，在广州做工；19~20 岁，在家开手扶拖拉机；20 岁至今，替人开汽车。

家庭情况：父亲，刘××，51 岁，在家做豆腐。母亲，陈××，48 岁，在家务农。大弟，刘××，23 岁，在广州做生意。二弟，刘××，21 岁，在广州做生意。三弟，刘××，19 岁，在广州打工。妻子，李××，21 岁，在家务农。大姐刘××，30 多岁，已出嫁，有两个儿子，大的叫李××，19 岁，初中文化，做蔬菜生意；小的叫李××，16 岁，在永福镇修理摩托车。二姐刘××。

××年 9 月 10 日晚，刘××为××市龙门镇石毕村的个体户陈××开东风牌汽车（车牌号闽 F19470）运一车松焦油到晋江磁灶镇，收货款 11 000 元，运费 1500 元。刘将 12 500 元放在汽车驾驶室右侧门的夹层里，于 9 月 12 日中午 12 时许开车回××市。行至××县金山距离通坑道班二三百米处，刘停下车，躺在车里想睡觉。此时，刘觉得替人开车不赚钱，便想将这笔贷款拿回家去做点生意。刘路过漳州时买了两箱饼干，用螺丝刀打开右车门夹层，把 12 500 元钱拿出来，装进其中一个饼干箱子里。然后，刘下车捡了一块石头将右车门玻璃打坏，回到车上躺了五六分钟。接着，刘驾车到距离和溪不到一公里的地方，那里路边有一家饭店，饭店旁有一家卖藤椅的店铺，这里的店铺都是通宵开的。刘将车停在离饭店七八米远的地方，将两箱饼干寄放在藤椅店主处，称过一段时间来取。接着，刘又开车到和溪派出所报案，说自己被人抢了，一位民警随便记录一下，就对刘说："你可以回去了，有事我们会找你。"刘就开车于 9 月 13 日早上 5 时回到××市，对陈××说货款被抢，是在和溪路段被三个人抢的，自己的身上和手上多处受伤（实际上是车窗玻璃被打碎后，散落在驾驶室座位上的碎片划伤的）。陈××不信，将刘带到××市公安局，××市公安局将刘扣下审查。9 月 14 日，××市公安局带刘到刘家搜查未果，当天中午将刘的手铐在××市公安局刑警大队办公室窗户上，刘看无人，就打开手铐逃跑。10 月 4 日，刘××带着外甥李××到××市月水镇李××姑姑家住了一个晚上，第二天，刘、李两人一起到和溪取回钱后回到月水，将钱从饼干箱里取出，装在一个塑料袋里，二人又一起回到永福。10 月 6 日，刘叫李××将 10 000 元分两笔，每笔 5000 元，分别存入永福邮电局储蓄所和永福信用社，都是用李××的名字存的。12 月 3 日，刘将钱全部取出，其中 5000 元交了超生罚款，另 5000 元挥霍一空。12 月 16 日，刘××带李××到××市公安局取被扣的驾驶证而被××市公安局拘留。

二、复审案例

2001 年 12 月 17 日上午 8 时 40 分，××市仓山区公安分局刑警大队接 110 指挥中心通知，群众报案说在仓山区东升村附近一个池塘边发现一具装在编织袋内的女尸，要求大队派员勘查现场。报案人为当地村民杨××。杨××当天早上 8 时左右到菜地，发现菜地边有一大编织袋。8 时 30 分杨××和同村的杨×一起前去查看，杨××从破口的编织袋下部看见一只没穿鞋的脚，遂拨打 110 报案。

现场位于仓山区东升村的鱼塘边，从路边到编织袋丢弃的位置有明显的拖拉痕迹。编织袋下部有较大的破裂，可看见一只脚。女尸蜷缩在编织袋内，着装整齐，未穿鞋袜，右眼眶青紫，左右颈部有大小 2.5 毫米×3 毫米、2.5 毫米×1.7 毫米两处表皮脱落，左手中指青紫。编织袋内有一女式提包，包内有：昆明山海棠、维生素 B、盐酸普洛尔等四瓶药，钱夹一个（内有建行龙卡、"逸景阁茶艺居"贵宾卡各一张），及化妆品、餐巾纸等物。编织袋内另有皮鞋一双、丝袜一双、一个塑料袋（内装有秋衣裤一套及女式内衣）。距编织袋约 6 米处的路边，有一个塑料袋，袋内有一张撕去一半的女人照片（与死者较像）及两封信。寄信人为"金××"，收信人为"××市北门外灰炉头村 74 号，占灯明"，寄信时间分别为"2001 年 8 月 11 日"和"2000 年 10 月 2 日"，信内有大量错别字。编织袋周围有大量凌乱的脚印。

（一）尸检情况

死者，女，1.60 米，着装整齐，光脚，右眼眶青紫，左右颈部有 2.5 毫米×3 毫米、2.5 毫米×1.7 毫米两处表皮脱落，左手中指青紫，肩胛骨皮下出血，头部小块血肿。解剖发现尸体颈部大面积出血，头枕部有出血，应为钝器打击所致。胃内容物为米饭、青菜，死亡时间在 20 小时以上，死亡原因为窒息死亡。

（二）现场访问情况

被访问人杨××：男，28 岁，仓山区东升村 23 号，务农。发现经过：当天上午 8 时，杨××到堂兄杨×家商量家事，经过池塘边时，发现池塘边有一较新的编织袋，杨××由于好奇对杨×说起这事，二人于 8 时 30 分左右前去查看。杨××走近后，看见编织袋下部露出一只脚，也叫杨×看了一下，确定是人脚后，二人立即打 110 报案。杨××不认识死者，从来没见过，可以肯定不是附近的人。杨的家住在路边，前一天夜里没有看见可疑的人或听到可疑的声音。

被访问人杨×：男，30 岁，仓山区东升村 20 号，务农。其他情况同杨××一致。

【讯问笔录范文】

讯问笔录（第 1 次）

时间 2005 年 1 月 20 时 12 时 36 分至 13 时 8 分

地点 ××市公安局刑警大队预审室

侦查人员姓名、单位 张×、林× ××市公安局刑警大队

记录人员姓名、单位 王×× ××分公安局刑警大队

被讯问人 曹× 曾用名无 性别男

被讯问人身份证号码 ×××××19690703×××

问：我们是××公安局刑侦九中队的民警，现依法对你进行审查和讯问，你要如实回答。对与本案无关的问题，你有拒绝回答的权利，你听清楚了吗？

答：听清楚了。

问：讲讲你的基本情况。

答：我叫曹×，36 岁，1969 年 7 月 3 日生，汉族，籍贯××省，高中文化，家住××市南关街 213 号。

问：家庭情况讲一下。

答：家里四口人。妻子，李××，34 岁，××机械厂；女儿，曹×红，11 岁，上学；儿子，曹×蓝，9 岁，上学。

问：讲一下个人简历。

答：7～18 岁分别在××市××小学、××市××中学读书，18 岁高中毕业后参加工作，现在是××市××厂工人。

问：以前受过公安机关处理过没有?

答：没有。

问：今天为啥把你带到刑侦中队?

答：偷了一部手机。

问：是不是这部手机?（出示提取的菲利浦手机）

答：就是。

问：几个人去偷的，你偷过几次?

答：我自己偷的，就偷过这一次。

问：把偷手机的经过讲一下。

答：2005 年 1 月 20 日上午 10 点多，我在儿童医院专家诊断室屋内，一个女的在屋里站着，这个女人穿红鸭绒袄，我看见这个女的左口袋里有一部手机，我用右手将这部手机掏出来，拿在手上，被旁边一个男的抓住，带到治安室，后来到了派出所。

问：你所讲的是不是实话?

答：是实话。

问：现在向你宣读笔录，你听一下与你讲的是否相符?

答：以上记录已向我宣读过，和我讲的一样。

曹×（捺指印）
2005 年 1 月 20 日

讯问笔录（第×次）

时间 2003 年 6 月 19 日 10 时 7 分至 19 日 11 时 30 分

地点 湘潭市公安局刑警支队

侦查人员 胡××、庄××、张××

记录人员 王××

犯罪嫌疑人 姜××

问：我们是湘潭市公安局刑警支队的干警（示证），现依法对你进行讯问，你要如实地回答我们的问话，讲假话或作伪证是要负法律责任的，听到没有？

答：听到。

问：你先如实地讲讲2月24日凌晨，在黄×临丰小学的宿舍里的情况。

答：2003年2月24日凌晨两点多钟，我和黄×一起回到黄×的宿舍（略）

问：（略）

答：（略）

问：你以上所讲的是不是事实？

答：是事实。我讲的我负责。

问：我们在讯问你的过程中有无违法行为？

答：没有。

问：你还有什么要补充讲的？

答：没有了。

问：看一下以上笔录，如所记内容和你所讲的内容一致，就签字。

答：以上记录我看过，和我讲的一样。

姜××（捺指印）

2003年6月20日

第三部分

物证技术实验

项目一 物证摄影

实验目的和要求

组织学生对模拟的案件现场用相机拍照的方法进行现场记录，使学生掌握概貌、细目、十字交叉等拍摄方法。

实验课时安排

4 课时。

实验场所安排

刑事侦查技术实训中心、本班教室、校道等。

实验的准备

1. 布置一个模拟命案现场。
2. 教师讲授拍摄的基本要求并演示几种拍摄的方法。
3. 让学生自己去实践拍摄。
4. 形成现场照片记录本。

实验内容和方式

一、分项拍摄

	步骤与方法	注意事项
文件拍照	1. 以自然散射光为宜，选择拍摄环境。	实验室人造光源以双侧灯为宜。 用光要求：被照面光照均匀。
	2. 文件平整放置，且为横向取景。	文件不平整将产生褶皱阴影。
	3. 镜头光轴垂直于文件平面中心。	光轴偏离"中心"，产生透视变形，安全快门速度下，可手持相机操作。
	4. 测算、确定正确的曝光数据，准确调焦，实施曝光。	白纸亮度大于一般物体亮度，同时又是近距离拍摄，注意曝光修正。
污染文件拍照	1. 基本方法和步骤与"文件拍照"相同。	基本注意事项与"文件拍照"相同。
	2. 拍摄一张文件的原始污染状态。	红色滤光镜可消除或削弱红色的像素密度。原照可作效果对比。
	3. 加用红色滤光镜后，应按滤光镜因数在原曝光数据基础上修正曝光值。	"因数"为（X2）修正一级，（X4）修正二级。必要时，使用三脚架实施曝光。
泥土足迹拍照	1. 以一定角度的直射光为条件，选择拍摄地点。	在一定角度直射光下，利用凸凹产生的造型，才能反映立体足迹特征。
	2. 镜头光轴垂直于足迹平面中心，且在脚弓处放置比例尺。	足迹可以理想设计踩踏，注意其花纹特征与光照角度。
	3. 测算、确定正确的曝光数据，准确调焦，实施曝光。	泥土反光能力弱（特别：潮湿泥土）同时又是近距拍摄，注意曝光修正。
刀形凶器拍照	1. 以一定角度的直射光为条件，选择拍摄地点。	无投影的散射光条件也可，不建议室内人造光下操作。
	2. 检查脱影架玻璃的清洁度，以及衬底的清洁和平整度。	污迹及皱折都会影响画面质量。衬底：一般选为白色。
	3. 将凶器放置于玻璃上，并放置比例尺。调整脱影架角度，使背景衬底上无投影出现。	背景投影会严重破坏画面质量（用一块玻璃支起一定高度，再加适当衬底，可当脱影架使用）。
	4. 测算、确定正确的曝光数据，准确调焦，实施曝光。	凶器为金属表面，同时又是近距拍摄，注意曝光修正。

续表

	步骤与方法	注意事项
捺印指纹拍照	1. 以自然散射光为宜，选择拍摄环境。	不建议使用直射光及人造光。
	2. 把近摄接圈与镜头和机体正确连接。	红点标志相对插进卡口，旋转到位听到锁卡声，避免撞到镜头。
	3. 将相机与三脚架正确连接，并锁定。	检查三脚架的可用性，避免摔相机。
	4. 将镜头垂直于指纹平面（应放置比例尺），并开大光圈调焦。	正确使用三脚架云台，避免过劲损坏。同大照相，物距约在2倍焦距处。
	5. 测算、确定正确的曝光数据，准确调焦后再收小光圈，实施曝光。	加用全套接圈应修正二级曝光，必要时，使用快门线安全可靠。

二、照片放制

放制和要求	注意事项
1. 照片规格3×4（英寸），即10×12（英寸）标准规格相纸的1/10。	标准规格：项目不同，规格不同。
2. 照片放制，应进行分段试验曝光，找出最佳曝光值，实施正确曝光（显、定影达到标准）。	一般分三段曝光即可亮室观察判别，色调准确。
3. 照片应裁剪白边。	否则，不符合专业要求。
4. 画面效果：色调明朗，反差适中，层次丰富。构图正确，可辨细节特征。	暗部细节损失曝光偏多，亮部细节损失曝光偏少，构图、调焦失败，鉴、辨价值消失。

✍ **实验注意事项**

　　刑事摄影是刑事案件现场勘验过程中非常重要的一种记录方式，让学生亲自熟悉照相机，并能按照现场照相的要求和方法进行实践性训练，是掌握现场勘验基本功的良好办法。实验中应注意对相机的保护以及对学生疑难问题的解答。

　　1. 比例尺的选择，应根据被翻拍原件选择黑白或彩色比例尺。

　　2. 配光时要防止反光，彩色翻拍时光源的色温与彩色负片的色温要匹配。

　　3. 人像照片的翻拍，曝光一定要充分，显影时应使用软性显影液，适当缩短显影时间。

4. 取景时，以被拍物充满画面为准。

项目二　捺取指纹样本

📖 **实验目的和要求**

1. 了解捺取指纹样本的种类、明确捺取指纹的要求。
2. 掌握捺取指纹样本的操作方法。

📖 **实验课时安排**

4 课时。

📖 **实验场所安排**

刑事侦查技术实训中心、本班教室等。

📖 **实验的准备**

1. 捺印台和专用指纹捺印盒。
2. 捺印卡，包括十指指纹捺印卡、单指指纹捺印卡。
3. 清洗用品，包括肥皂、洗涤剂、餐巾纸、毛巾等。

📖 **实验内容和方式**

两人一组，担任捺印人和被捺印人身份，相互捺取对方的指纹样本。

一、捺印准备

1. 清洗被捺印人的手掌面，使皮肤纹线清晰。
2. 按捺印卡的格式填写捺印卡上相关的基本信息。
3. 将捺印卡平铺在捺印桌上，并保持平整。
4. 打开指纹捺印盒，直接捺印。

二、三面捺印

1. 让被捺印人面向捺印台自然站立，捺印人站在被捺印人的左前侧。
2. 捺印人用右手握住被捺印人的右手背，右手拇指、食指捏住被捺印人欲捺印的右手拇指第二节的左右两侧，左手拇指和食指捏住被捺印人右手拇指尖，控制住整个手背和手指。
3. 将右手拇指在捺印盒上从一侧到另一侧用滚动的方式粘取油墨。

4. 将粘取油墨的右手拇指从一侧指甲边缘处开始，分别在捺印卡上滚动 180°进行捺印。

5. 其他各指的捺印用同样的方法，先右手、后左手，按拇、食、中、环、小指的顺序依次进行捺印。

三、平面捺印

1. 让被捺印人面向捺印台自然站立，捺印人站在被捺印人的左前侧。

2. 捺印人的右手握住被捺印人的右手手背，左手捏住被捺印人的右手的食、中、环、小四指的指尖。

3. 以食、中、环、小四指指尖至第三组屈肌褶纹的部位在捺印盒上垂直接触以粘取油墨。

4. 将右手粘墨的四指移至指纹卡片的指定位置上进行捺印。

5. 捺印人两手分别捏住被捺印人右手拇指的指尖和指根两侧，在捺印盒上垂直粘取油墨，在捺印卡食指一侧进行拇指捺印。

6. 以同样方法进行左手五指的平面捺印。

四、局部捺印

1. 让被捺印人面向捺印台自然站立，捺印人站在被捺印人的左前侧。

2. 捺印人的手分别握住被捺印人的右手或捏住左手指尖的某个特定部位。

3. 将被捺印人的手欲捺印的部位接触捺印盒，均匀粘墨。

4. 将粘墨的手的特定部位在指纹卡上的特定位置进行捺印。

👆 **实验注意事项**

1. 捺印时，油墨要均匀、适度，在滚动粘墨过程中不要停顿、挪动、倒退、重复。

2. 被捺印人两手放松，由捺印人操作，滚动捺印时保持平稳连续，用力均匀，一次完成。

3. 捺印油墨要新鲜，捺印工具要洁净，同一手指重复捺印时应将残留油墨擦干净。

4. 三面捺印的范围，包括各指头的正面和两个侧面，要求上至指尖、下至第一屈肌褶纹及两侧至指甲边。

5. 捺印卡片一定要干净整洁，保证捺印质量。

6. 遇到多指、缺指等特殊情况时要注明。

项目三　粉末法显现潜在汗液指纹

📖 **实验目的和要求**

　　了解粉末法显现无色潜在汗液指纹的基本原理，明确粉末法适用的显现范围，掌握显现、提取潜在汗液指纹的方法。

📖 **实验课时安排**

　　4 课时。

📖 **实验场所安排**

　　刑事侦查技术实训中心、本班教室等。

📖 **实验的准备**

　　实验的操作原理：

　　1. 粉末法显现潜在汗液指纹是利用粉末与无色汗液指纹之间的亲和力，将粉末附着在无色汗液指纹上，因亲和力的作用使得无色汗液指纹粘附粉末，从而显现出有色指纹。

　　2. 粉末显现法适用于显现玻璃、瓷器、油漆物、竹器、纸张等光滑物体表面上的新鲜汗液指纹。

📖 **实验内容和方式**

　　二人一组，在指导老师指导下，在实训室完成。

一、普通粉末显现法

（一）选用适用的粉末和客体

　　1. 铝粉，俗称银粉，附着力强，适用于显现光滑物体表面的较新鲜指纹。

　　2. 青铜粉，俗称金粉，附着力强，适用于显现光滑物体表面的较新鲜指纹。

　　3. 石墨粉，质地较轻，附着力适中，宜采用抖显法刷显光滑物面和光滑纸张上的新鲜汗液指纹。

　　实训所选客体为：玻璃、搪瓷、陶瓷、油漆木、塑料制品、光滑纸张等。

（二）普通粉末显现法的操作

　　1. 制作指纹样本。分别在玻璃、瓷器、纸张、油漆木等不同客体上制作潜在指纹样本。如汗液分泌不够，可适当在手指上涂抹油脂，以加强粉末的附着力。

2. 运用粘粉刷显法显现。用毛刷尖部粘取少许粉末直接在疑有指纹的物体表面轻刷，当指纹纹线出现后再顺着纹线的流向刷显直至指纹全部显出，然后清除指纹周围的多余粉末。

3. 运用撒粉抖显法显现。将少量粉末直接撒在纸张、薄膜等疑有潜在指纹的轻小物体表面上，然后手持物体两端上下左右来回抖动，让粉末滑过疑有指纹的物面上，指纹即可显出。显出指纹后将多余粉末弹掉或回收瓶中。注意抖动法显现指纹后不可再用毛刷去刷显。

4. 普通粉末显现指纹后的提取方法。

（1）照相固定：按痕迹物证的拍照要求对显出的指纹进行拍照。

（2）原物提取：对于体积较小、方便提取的客体，在客观条件允许的情况下，取得有关方面同意后，可以直接将客体原物提取，用后归还。

（3）指纹胶粘取：从指纹胶上匀速揭开适当长度的透明胶纸，胶面对着粉末指纹，先将一端固定，然后从背面用拇指向前推压胶纸背面，再用手指面用力推压数次揭开。注意在推压过程中防止打折、起泡。然后反向匀速揭下胶纸，指纹即转印到指纹胶上。最后再将胶纸粘贴在与指纹反差大的衬纸上，并连同衬纸一起剪贴于作业纸上。

二、磁性粉末显现法

（一）选用磁性粉末和客体

黑色磁性粉末和彩色磁性荧光粉末，适用于显现塑料、皮革、瓷器、各色纸张、本色木、石灰墙等客体表面的汗液指纹。

（二）磁性粉末显现的操作

1. 将磁性笔刷头置于所选择的磁性粉中，由于磁力作用吸住磁性粉，形成扫帚状磁力线粉穗。

2. 用粉穗在疑有指纹的客体表面上轻轻地扫动至指纹显出。

3. 将多余的粉末回收粉瓶中，轻轻弹击被显客体上的少许遗留粉末，纹线清晰可见。

（三）磁性粉末显现指纹后提取方法

磁性粉末显现法与普通粉末显现法的提取方法相同。

实验注意事项

1. 选用粉末必须干燥细腻、色差大。

2. 选用的毛刷必须干燥柔软、松散舒展。

3. 显现物面必须干燥平滑，无油污。

4. 撒粉和粘粉要适当，不宜过多。

5. 用磁性粉刷显时，要防止磁性刷与物面接触，以防损坏纹线。

6. 磁性粉刷显不适宜在不锈钢、搪瓷等含有铁的客体上进行，以防影响刷显效果。

7. 处于低温环境下的物体，粉末极易因冷热相遇而受潮，应将该类物体暖化干燥后，再用粉末进行刷显。

8. 用指纹胶提取指纹时一定要匀速，不能停顿，以防止留下停顿线影响指纹质量。

项目四　捺取足迹样本并测量足迹

实验目的和要求

1. 掌握捺取足迹样本的操作方法。

2. 掌握测量赤足足迹和穿鞋足迹的方法与步骤。

实验课时安排

4 课时。

实验场所安排

刑事侦查技术实训中心、本班教室等。

实验的准备

实训器材：足迹捺印盒、白纸、直尺、铅笔。

实验内容和方式

一、各自操作，捺取自己的足迹

将赤脚或穿着鞋的脚轻轻踩踏在足迹捺印盒上，使脚底或鞋底均匀粘上油墨。若捺印站立时的足迹，脚应垂直踩在白纸上，再垂直提起；若捺印行走时的足迹，脚跟后和脚趾顶端都要粘上油墨，再以行走的方式在白纸上留下足迹。

二、测量赤脚足迹

全长：通过第二趾球的中心点和脚跟突出点作中心线，再在最长趾的前缘和脚跟后缘突出点，各作一条与中心线相垂直的切线，两切线之间的距离即为赤脚足迹的全长。

掌宽：在脚掌最宽处作一条与足迹中心线相垂直的线，这条线与脚掌的内、外缘相交的两点间的距离即为赤脚足迹掌宽。

弓宽：在赤脚足迹弓部最窄处作一条与中心线相垂直的线，这条线与脚弓内、外缘相交的两点间的距离即为赤脚足迹弓宽。

跟宽：在赤脚足迹跟部最宽处作一条与中心线相垂直的线，这条线与脚跟内、外缘相交的两点间的距离即为赤脚足迹跟宽。

三、测量穿鞋足迹

全长：将足迹前掌及后跟最宽处的中心点连线作为足迹中心线，再在鞋尖前缘和鞋跟后缘处各作一条与中心线相垂直的切线，两切线之间的垂直距离就是穿鞋足迹的全长。

掌宽：以掌内缘最突出点作一条与足迹中心线相垂直并延长交于掌外侧源的直线，其长度为掌宽。

弓宽：以弓部最窄处的内外缘间的距离为弓宽。

跟宽：以通过跟部的足迹中心线段的中心作垂直于该线的直线，并延长交于内外侧缘，其长度即为跟宽。

实验注意事项

1. 白纸的铺设不能有褶皱，且处于干净平整的地方。
2. 捺取足迹时应尽量在白纸中央进行。
3. 整个足迹的油墨浓淡应均匀，纹线、图案清晰，特征明显。
4. 赤脚足迹和穿鞋足迹应按照站立和行走的方式分别捺印。
5. 操作时应自然，不要刻意用力，以免发生重叠现象，影响特征显现。
6. 数据应在捺印的足迹周围进行标注，不能标注在足迹内部。

项目五　提取工具痕迹

实验目的和要求

工具痕迹的制模材料一般具有良好的塑性和弹性，且不易断裂，易保存，提取的痕迹模型特征反映清晰。通过本实训，使学生了解和掌握提取工具痕迹的一般步骤和方法，并能对案件现场常见的工具痕迹进行提取保存。

实验课时安排

4 课时。

实验场所安排

刑事侦查技术实训中心、本班教室等。

实验的准备

1. 立体显微镜。
2. 硅橡胶、硬塑料、醋酸纤维素薄膜、丙酮、甘油、棉球。
3. 镊子、玻璃板、螺丝刀、铁锤、木板、小刀、铝片。

实验内容和方式

一、硅橡胶制模法

1. 利用螺丝刀或铁锤在木板上形成撬压痕迹或打击痕迹。
2. 取适量成品硅橡胶，用小刀将其涂抹于痕迹处，为了便于脱膜，可事先在痕迹表面涂少许甘油。待硅橡胶固化后，即可取下成模。

二、硬塑料制模法

1. 用螺丝刀或铁锤在木板上形成撬压痕迹或打击痕迹。
2. 用镊子夹棉球蘸少量甘油涂于痕迹表面。
3. 将适量的硬塑料置于热水中浸泡，一边浸泡一边揉搓，使其充分均匀地变软。然后将其放在玻璃板上压出一光滑无沟痕的平面，而后照痕迹部位用力下压，让它和痕迹充分接触。等塑料重新变硬后，即可取出。

三、醋酸纤维素薄膜法

1. 在铝片上用螺丝刀形成擦划痕迹。
2. 根据痕迹大小取醋酸纤维素薄膜一片，用镊子夹住在丙酮中浸泡 3~5 分钟。然后拿出覆盖在痕迹上，再在上面加盖一片干醋酸纤维素薄膜，而后用力压紧 1 分钟。待 20 秒后，等醋酸纤维素薄膜干透取下即可。
3. 将模型置于立体显微镜下观察其痕迹特征。

实验注意事项

1. 提取工具痕迹时，要注意承痕客体的材质，再选取相应的提取方法。
2. 保持室内通风良好。
3. 采取硅橡胶制模时，在取模的时候应从四周逐渐剥脱，对较深的痕迹模型，不可重拉，以防断裂。

4. 针对痕迹深、表面粗糙的工具痕迹，利用硅橡胶进行制模时，一般不宜用加速剂加速固化。

项目六 书写水平特征的检验

🔖 实验目的和要求⌐

熟悉书写水平特征的分类，掌握区分书写水平特征的方法，能够熟练运用书写水平特征进行检验。

🔖 实验课时安排⌐

4 课时。

🔖 实验场所安排⌐

刑事侦查技术实训中心、本班教室等。

🔖 实验的准备⌐

设备和器材：各类不同书写水平材料三份、放大镜、书写水平特征记录纸、铅笔。

🔖 实验内容和方式⌐

分别对不同书写水平的笔迹材料，整体地、逐行逐字地进行观察和记录，观察、分析笔迹的规范化程度和笔迹的熟练程度，按照实验内容，作如下分析检验：

一、观察、分析文字笔画是否规则

汉字的基本笔画如横、竖、撇、捺泾渭分明，凡符合汉语规则要求的，则属于规范的笔画，否则是不规范的笔画。书写越规范的，书写水平越高，越不规范的，书写水平越低。

二、观察、分析文字结构是否匀称

文字的结构又称间架结构，是指单字各偏旁部首之间、各笔画之间的空间构架。结构是否匀称主要表现在各偏旁部首、各笔画间结构是否匀称和谐，是否平衡、均匀、对称。结构越匀称和谐，书写水平越高，反之，书写水平越低。

三、观察、分析文字布局是否合理

布局是指文字在纸面上的分布情况。字与字之间、行与行之间大小、疏密、高低、倾斜方向越匀称合理，书写水平越高，反之则越低。

四、观察、分析运笔是否自然流畅

运笔包括起笔、行笔、收笔。笔画线条流畅，一气呵成者，书写水平高，反之则书写水平低。

五、观察、分析笔力变化是否协调自如

笔力变化包括运笔动作中的提、按、转、折、顿、收。观察其是否协调一致，收放自如。越流畅自如，书写水平越高。

六、观察、分析书写速度快慢是否适当

书写速度主要表现为运笔动作中的轻重疾徐变化。一般而言，书写速度越快，熟练程度越高，书写水平越高。

实验注意事项

1. 正常书写情况下，书写水平特征高低明显不同的，可以作为否定的依据。如果书写水平特征相同或相近，需要进一步比较其他特征。

2. 书写水平在短时间内，不可能超规律地任意提高。因此，当检材笔迹的书写水平低于同期的样本笔迹时，可以作为否定的依据，但检材笔迹的书写水平高于样本笔迹时，不能作为否定的依据。

3. 书写水平特征的比较，应当以同种类型、同种书体的字迹进行比较。根据检材字迹的类型和书体，选择相应的样本字迹进行比较。

项目七　单字写法特征的检验

实验目的和要求

熟悉单字写法特征的分类，掌握单字的写法特征，能够熟练运用单字写法特征。

实验课时安排

4 课时。

实验场所安排

刑事侦查技术实训中心、本班教室等。

实验的准备

设备和器材：各种现行规范字、繁体字、异体字、非规范简化字、行草书字、简缩及复合字实验材料若干份。

实验内容和方式

熟悉现行规范字、繁体字、异体字、非规范简化字、行草书字、简缩及复合字写法，按照实验内容的安排，对实验材料逐一观察、熟悉各类单字写法特征。

一、现行规范字写法

现行规范字分为规范正字和规范简化字。规范正字是一字多体中，经确认的一种标准写法，为规范写法，其他的写法未经确认，为变异写法。规范简化字是指1956年以来由国家公布使用的简化字。现行规范字实际上是国家规定的现行简化字和长期通用的汉字。现行规范字的发展具有时代特点，可以反映书写人的年龄、职业情况，具有一定的特殊性，其价值高于后者。

二、繁体字、异体字写法

繁体字是指已被规范简化字取代，国家已明令废除的汉字。繁体字主要存于老年人书写的字迹中，如图3-1。

异体字是指文字改革前与当时正体字并存通用的汉字，主要有古体字、旧体字和俗体字。按其成因和表现形式，大体分为古体字系统和变体字系统。变体字是书写人在原字体字形的基础上，增减笔画，或改变某个字部，但结构轮廓不变。繁体字、异体字主要存在于老年人或书法者中，具有一定的利用价值，如图3-2。

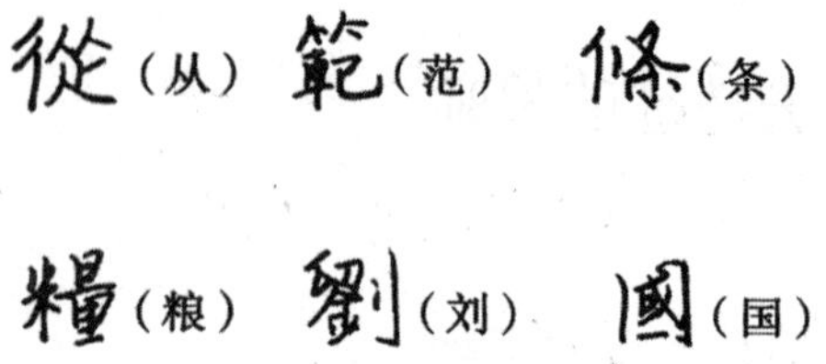

從（从）　範（范）　條（条）　　劔（剑）　简（个）　耻（耻）

糧（粮）　劉（刘）　國（国）　　舒（拿）　宿（夜）　砲（炮）

原繁体字　　　　　　　　　　　　旧异体字

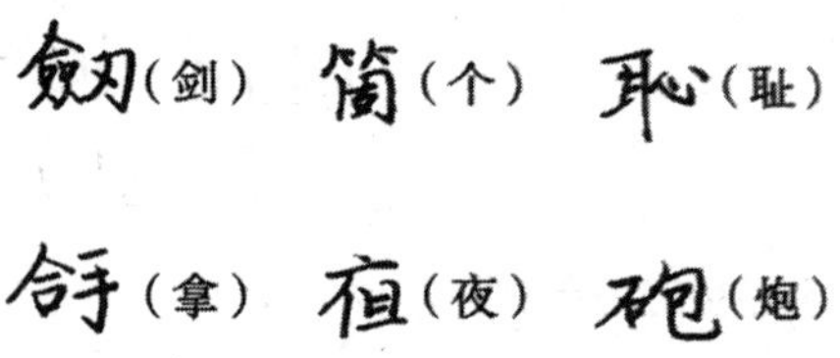

图3-1　　　　　　　　　　　　　　图3-2

三、非规范简化字写法

非规范简化字是非政府推广应用的简化字，是人们在使用过程中避繁就简，约定俗成的产物。它是在一定地区、一定行业流行的民间简化字，具有特殊性，特征价值较大或有一定的利用价值，如图 3-3、图 3-4、图 3-5、图 3-6 和图 3-7。

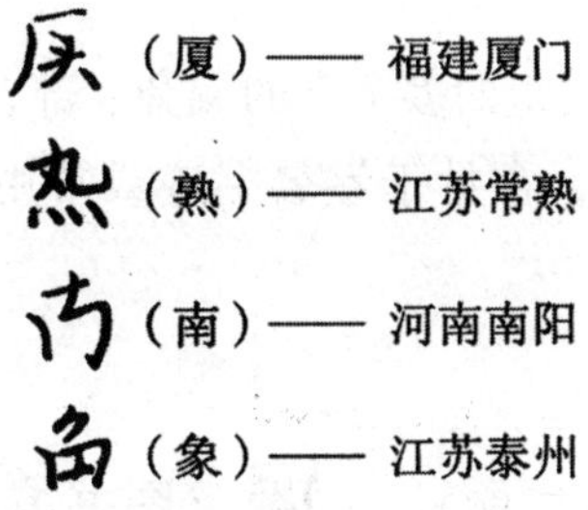

厌（厦）—— 福建厦门

热（熟）—— 江苏常熟

丙（南）—— 河南南阳

岛（象）—— 江苏泰州

单纯的地区简化字

图 3-3

益（盘）—— 福州市　　　阽（随）—— 上海

粗（耀）—— 河南省　　　初（稻）—— 湖南

扨（搬）—— 江西省　　　杧（楼）—— 湖北

杏（曹）—— 湖北省　　　迒（遵）—— 山西

会意简化字　　　　　　　地区形声简化字

图 3-4　　　　　　　　　图 3-5

芢（营）　氿（酒）　茅（菜）　　宎（寨）　咄（嘴）　钲（镇）

亣（商）　王（医）　垟（墙）　　宊（家）　外（短）　宐（察）

矴（砖）　伞（食）　圤（盐）　　仒（集）　氿（液）　穴（寡）

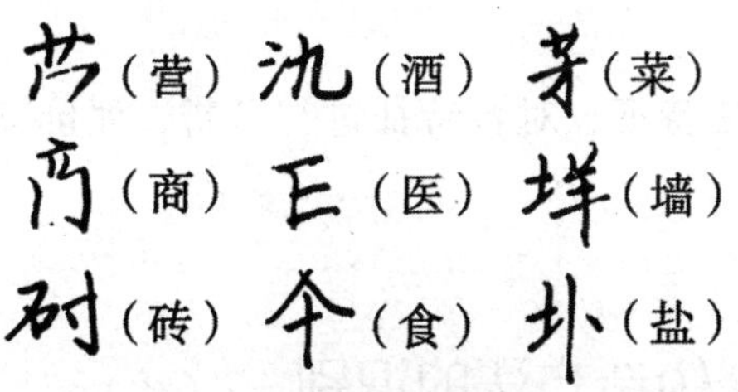

职业性简化字　　　　　　　流行较广的简化字

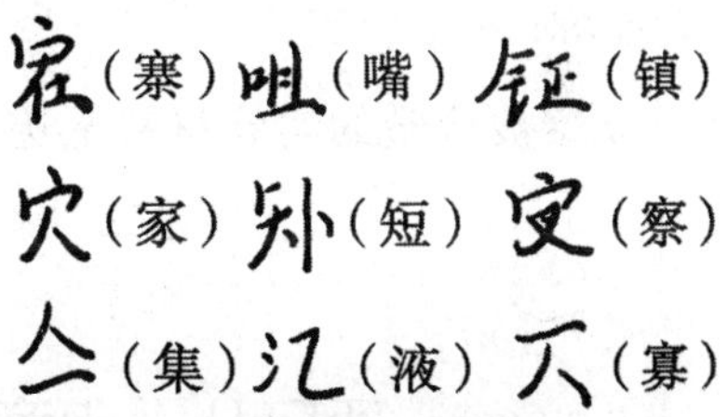

图 3-6　　　　　　　　　图 3-7

四、行草书字写法

行书和草书是汉字的两种不同书体：草书连写，字形潦草；行书速度慢于草书，快于楷书，易写易辨。当前大多数人的书写速度都是行书体书写速度，也有少数偏快如草书，或偏慢如楷书。但一般都不是标准的行书体或草书体，而是带有许多个人的特殊写法，具有明显的个体特殊性，是有较大利用价值的笔迹一般特征。

五、简缩、复合字写法

简缩、复合写法是将固定词组的多个字的偏旁、部首或笔画部分组合拼接在一起，形似一字，代表整个词或词组，常见于签名字迹或常用词组，具有一定的利用价值，如图 3-8。

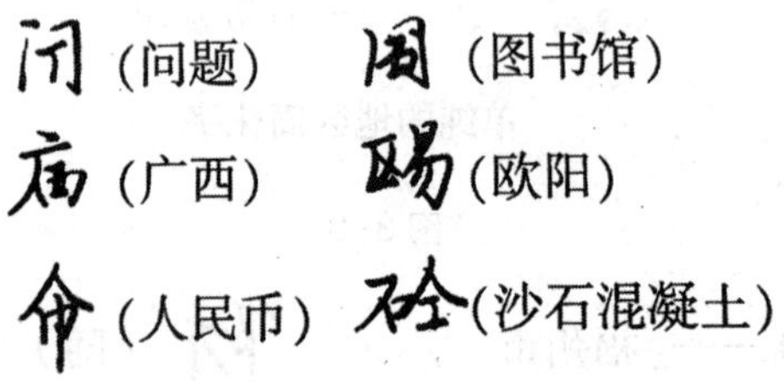

问 (问题)　　图 (图书馆)

庿 (广西)　　瑒 (欧阳)

仝 (人民币)　　砼 (沙石混凝土)

图 3-8

📝 **实验注意事项**

1. 熟悉现行规范字、繁体字、异体字、非规范简化字、行草书字、简缩及复合字写法。

2. 熟悉单字写法特征在不同年龄、不同职业、不同地区、不同文化程度的人的运用情况。

📝 **实验报告**

独立观察被检验的实验材料笔迹的写法特征，对各特征进行分析，评价其特征价值。

项目八　印章印文伪造方法的识别

📝 **实验目的和要求**

印章由印柄和印面组成。印面盖印出来的印痕，即印面结构的反映形象称作印文。印章印文是文书真实、有效的重要依据，制假者伪造文书往往同时伪造印章印文。由于制假者受到制造方法、刻制技术等因素的制约，伪造的印章印文都不可避免地会暴露出伪造特点，据此可断定其真伪。

1. 了解各类伪造印章印文的方法和伪造特点。

2. 掌握各类伪造印章印文的识别方法。

🖢 **实验课时安排**

4 课时。

🖢 **实验场所安排**

刑事侦查技术实训中心、本班教室等。

🖢 **实验的准备**

设备和器材：印章2~4种（每种2~3枚）、红色印泥或印油、复写纸、体视显微镜、比对投影仪等。

🖢 **实验内容和方式**

伪造印章印文的方法有三类：一是伪造印章后盖印；二是直接伪造印文；三是局部伪造印文。学生自制供实验用的三类伪造的印章和印文，然后对这三类伪造的印章和印文样本逐一在显微镜或比对投影仪下观察，发现伪造特点，作出详细记录。

各类常见伪造印章印文的方法及其特点概述如下：

一、伪造印章后盖印

（一）雕刻法伪造印章

采用同真实印章同样之方法手工或机械雕刻伪造印章，往往需要同真印章印文比较方能鉴别其真伪。在伪造者不了解真印章规格，或刻制技术条件低劣的情况下，伪造印章具有如下特点：形状不正，字不成体；文字图案布局不够协调、匀称；笔画线条粗细不匀，转折生硬；有不正常的间断或连接现象。

（二）拼接法（单字组合法）伪造印章

用单个铅字或雕刻成的单字，按一定顺序按印在伪造文书上，或者将有关单字先组合固定成"活字印章"，然后盖印到文书上。此法盖印出的印文特点是：各单字对纸张表面的压力大小不一，色调浓淡不均；字位不正，排列、分布不齐；字的大小和整个印文的大小不相称；字的大小不协调，字体可能不统一；边框线条有的是手工描绘的，有的是用某种器具（铁圈、瓶盖类）压印而成。

（三）照相制版法伪造印章

以真印文为样本，通过照相制成平版或腐蚀成凸版，再印制成伪造的印文。照相制成平版的印章印文，具有平版印刷的特点：墨色平淡不实；图文分布不均；纸面没有压痕；构成印文的物质是印刷油墨而不是印泥或印油。

照相腐蚀凸版印刷伪造的印章印文，具有腐蚀凸版印刷的特点：文字笔画边缘有挤墨现象；笔画线条边缘不整齐，有毛刺等变形现象；文字笔画的棱角不分明，呈钝圆形；构成印文的物质是印刷油墨而不是印泥或印油。

二、直接伪造印文

（一）漏印法伪造印文

即用蜡纸覆盖在真印文上，先用笔在蜡纸上刻成浅印，然后在钢板上刻划，或用小针在蜡纸上戳成由细密小孔组成的文字线条，然后用印油或油墨印成伪造印文。此法伪造印文的特点是：文字线条不实，线条中有条状中空现象；边框不圆，笔画粗细不匀；文字线条由密集小点组成。

（二）描绘法伪造印文

即把伪造文书覆盖在真印文上用笔描摹成伪造印文，或将伪造文书放在真印文下进行透光描摹，有的还在中间衬以红色复写纸将真印文印在伪造文书上。这种伪造印文常可观察到以下特点：文字线条有笔道压痕和修描痕迹；有的可见到事先打样留下的压痕或复写痕迹；颜料分布特点与盖压的印文特点不同。

（三）转印法伪造印文

1. 直接转印法。即趁刚盖印的真印文印油未干，将其直接转印在伪造的文书上。其基本特点是印文成反象，有时还可观察到印油渗散现象。

2. 间接转印法。即用涂蜡的纸张覆盖在真印文上，略加热压，即可将印文转印下来，然后再将此反象印文再次转印到伪造文书上面而成为正象印文。其印文特点是规格特征与真印文相同，但一般可见图文模糊，无压印特点，颜色浅淡，有蜡屑或蜡油斑迹等现象。

3. 描绘转印法。即将透明赛璐珞片或玻璃纸置于真印文上用笔描绘，再反转过来用印油或其他红色染料依样描绘成反象印文，立即转印在伪造文书上。其印文特点是与真印文大体相似，但在印文细节上有差异，色泽浅淡不均，具有描绘的特点，无盖印压痕。

三、局部伪造印文

局部伪造印文是在真印章或真印文的基础上经加工改造而成的伪造印文。根据伪造方法的不同，局部伪造印文主要有四种方法。

（一）擦刮、挖剔法伪造印文

即擦刮、挖剔掉原印文的部分文字伪造成另一枚印文。此方法伪造的印文上留有擦刮、挖补痕迹，涂改部位的纸张发暗、变脏，放大观察可看到残留的印痕或印泥、印油物质。

（二）拼接法伪造印文

即采用接行法增加真印文的文字内容，伪造成另一枚印文。此方法伪造的印文的新增内容可能与原有的文字字体、大小、排列位置不一致。

（三）遮盖法伪造印文

即遮盖公章或专用章一部分文字内容，伪造成另一枚印文。此方法伪造的印文出现文字排列分布与所留空白部位不相称或在印文空白处留有未被遮住的残余文字笔画痕迹。

（四）改贴照片伪造印文

此方法伪造的印文与原证件上印文接合不准，补印部分与原有印文压力不一致，或有多次压印、碾印的痕迹。补印的文字结构不清，字体大小与原文不同，有些印文还会出现描绘的特点及色调不同等现象。

实验注意事项

注意同一印章在使用过程中自身变化形成的印文特征的非本质差异与伪造印章印文的区别。

项目九 印章印文常规检验

实验目的和要求

确定印章印文的真伪，通常是将可疑印章印文与真实的印章印文进行比较检验，从可疑印文与样本印文中选择相应的特征进行比较，综合评断二者的符合点或差异点，从而作出认定或否定结论。

1. 了解各种印章印文常规检验方法的特点及其作用。

2. 掌握印章印文比较检验中几种常用的方法。

实验课时安排

4 课时。

实验场所安排

刑事侦查技术实训中心、本班教室等。

实验的准备

1. 可疑印文与样本印文若干。

2. 分规或游标卡尺、直尺或三角板、圆规、塑料九宫格、各种铅笔。

3. 放大镜、比较显微镜、比对投影仪等。

实验内容和方式

一、分别检验

（一）对可疑印文的检验

1. 放大观察法。借助显微镜或放大镜观察可疑印文上有无书写工具痕迹、复写纸染料痕迹和描绘、普写等伪造痕迹以及伪造印章印文所特有的物质颗粒和斑渍。

2. 特征分析法。首先，观察分析可疑印章印文的名称、内容与所载文书是否相适应；其次，分析可疑印文的文字字体、分布位置等是否合乎规格要求，可疑印文中的文字、线条或印文周围染料有无模糊、涂抹现象；最后，对有国徽等图案的印文，应对图案的形态结构进行研究，看其是否有不合要求的现象。

（二）对样本印文的检验

首先，观察分析样本印文的大小、名称、内容、文字字体、分布位置等一般特征；然后，观察分析样本印文的文字的结构、笔画起末端及转折形态、笔画交叉搭配关系等细节特征；再对边框线条及国徽等图案的形态结构进行研究。通过对几枚样本印文的综合分析，确定样本印文的一般特征和细节特征，并选出最稳定和最有价值的特征。

二、比较检验

（一）一般特征检验

比较可疑印文与真印文的一般特征是否相符合，即比较印文内容、印文形态、大小、边框类型、印文字体字形以及排列等六个方面。

（二）细节特征检验

在比较印文的一般特征尚未发现本质差异的基础上，再进一步比较印文细节特征。它包括：单字笔画或线条间的位置距离，笔画间或线条间的交接位置和搭配比例，笔画和线条的细微形状、倾斜方向，印面结构的疵点与暗记等。

1. 特征比较法。这是既较简单又最基本的比较检验方法，即仔细观察比较可疑印文与样本印文相同部位的特征，选择其中较清晰可靠的部分进行比较，并用红蓝铅笔将特殊的符合点或明显的差异点标示出来。

2. 测量比较法。首先测量印文的大小，再测量相同部位的文字、笔画、线条、图案等的大小、长短、粗细等。测量印文各部位的特征时，应在可疑印文和样本印文的相同部位确定若干基点（基点选择在较清晰的笔画交叉点或笔画的起末端），然后用分规分别测量比较两个印文相应基点之间的距离大小。

3. 画线比较法。即在两个相比较的印文或相同放大倍数的印文图片上，在相同部位各选择若干基点互相连成直线，或以同一基点为圆心，以相同半径用圆规分别画弧线，比较两个印文上的同位线条通过的文字、线条部位是否相同。

4. 拼接比较法。将样本印文从文字线条较多的部位折叠起来，使边缘上的边框、文字线条与可疑印文的边框、文字线条互相拼接。或者将样本印文的等大复制印文中文字线条较多的部位剪下来，与可疑印文的相应部位拼接，再观察两个印文的边框和图案线条是否完全接合。

5. 重叠比较法。把可疑印文与样本印文重叠起来，透光观察，看各部分文字、线条是否完全重合。

6. 格线比较法。将两张印有相同格子的透明赛璐珞片，分别覆盖在两个相比较的印文上，观察同一部位的文字笔画线条的位置是否一致。

7. 比较显微镜或比对投影仪比较法。将两个相比较的印文分别放在比较显微镜或比对投影仪下，观察两个印文相应部位文字线条的重叠、接合情况是否一致。

三、综合评断

通过比较检验，对可疑印文和样本印文的符合点和差异点进行综合评断，作出鉴定结论。

首先，评断符合点的性质。分析判断符合点是一般特征符合还是细节特征符合，只有细节特征符合才能说明是同一印章盖印形成。

其次，评断差异点的性质。分析判断差异点是本质性差异还是非本质性差异。不是同一枚印章盖印形成的印文而出现的差异是本质的差异；同一枚印章由于自身的涨缩、磨损、磕碰和洗刷、修补以及盖印条件不同等原因导致的差异是非本质的差异。

为了研究差异点形成的原因，必要时应补充样本印文或样本印章，进行盖印实验。

实验注意事项

1. 用特征标示法在印文上标示特征时，使用符号要简洁，标示部位要准确。用测量法比较时，应用精密的卡尺，多次多点测量，注意印文是否受涨缩变化的影响。

2. 比较检验的几种方法中，最常用可靠的方法是特征标示法，其他方法可作为辅助方法。

第四部分

犯罪现场勘查实验

项目一　现场保护

实验目的和要求

现场保护是指在接到报警后，相关人员依法对发生事件的地点（场所）、犯罪物证和被害人及其他对象采取有效措施，防止由于人为和非人为因素的影响破坏现场有关情况而导致犯罪信息缺失或变化，是保障犯罪现场在勘查前保持发现、发生时的状态并使勘验工作在勘查中不受干扰的一项专门工作。具体来说有以下任务：核实情况、迅速报告；划定保护范围，封锁现场；向侦查指挥人员汇报有关情况；处理其他现场保护相关工作。

实验课时安排

4 课时。

实验场所安排

刑事侦查技术实训中心、本班教室等。

实验的准备

设备。

实验内容和方式

《公安机关刑事案件现场勘验检查规则》为犯罪现场保护工作作了指导性的规定，在犯罪现场保护过程中必须严格按照该规则的相关规定，结合特定犯罪现场的具体情况，因地制宜地开展保护工作。

一、室外现场的保护方法

室外现场的保护，通常做法是：划出一定范围布置警戒，将现场封锁起来，禁止一切无关人员进入。保护区范围的大小，应当根据不同案件的具体情况和犯罪现场所处的具体地理位置和环境来确定。原则上应当把犯罪行为人实施犯罪行为的地点和其他留有与犯罪有关的痕迹、物品的场所都包括进去。保护区范围通常先划得略大一些，勘查人员到达现场以后再根据情况调整缩小。这样做可避免因保护区范围划得过小而使犯罪痕迹、物品受到变动、破坏的情况发生。

二、室内现场的保护方法

室内犯罪现场一般都有门窗等犯罪行为人进出现场的通道，只要把住进出口，保护好现场周围地带，就能有效做好保护工作。室内现场保护通常是把发生犯罪事件的房间和室外犯罪行为人进出该房间的路线，以及可能留有犯罪痕迹、物品的场所一起封锁起来，布置警戒，张贴布告，或者绕以绳索，禁止一切无关人员入内。

三、重特大复杂案件现场的保护方法

对一些重特大复杂案件的现场保护，应当采取更为严密的保护措施。一般情况下发生重特大案件后，围观人员多，到达现场的民警也较多，还有一些领导和新闻媒体的记者赶赴现场，现场秩序的维护显得更为重要。因此可以根据情况将现场分成几个层次进行保护。通常的做法是将现场分为三个层次保护，即核心保护层、次级保护层和外围保护层。

第一层保护区是外围保护区，是一般性的周边保护，在该区域设立相应的检查点，限制通往现场的车辆和阻止无关的群众进入现场。必要时，可以在第一层保护区内、第二层保护区外设立新闻中心，以接待众多的媒体记者。

第二层保护区是次级保护区，设在核心保护区的外围，只有到达现场的相关领导、公安基层民警、参加急救的医护人员和警用车辆、救护车才可进入。在该区域设立指挥部，负责指挥协调现场勘查的各项工作，如向勘查人员作指示、后勤供给、为现场勘查人员设立休息区等。

第三层保护区是核心保护区，是现场保护的核心区域，必须严格控制，只有勘查人员才被准许进入该区域。

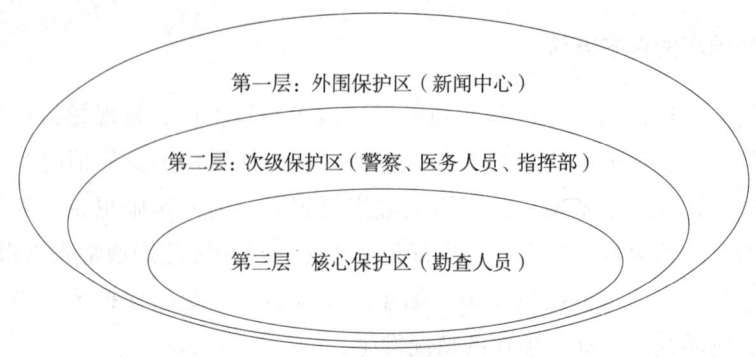

第一层：外围保护区（新闻中心）

第二层：次级保护区（警察、医务人员、指挥部）

第三层 核心保护区（勘查人员）

图4-1 重特大复杂案件现场保护示意图

四、现场痕迹、物品的保护方法

根据室内、室外犯罪现场的痕迹、物品的特点，对不同情况下的犯罪痕迹、物品的保护，可以用以下几种方法：

（一）警戒法

警戒法，是指不进入现场内部，而在现场周围设岗，警戒看守痕迹、物品的保护方法。这种方法只要在现场出入口或周围外派人警戒看守，痕迹、物品即可得到保护。

（二）标记法

标记法，是指在犯罪痕迹、物品周围用一些醒目的物品作标记，以提醒或告诫人们注意保护的一种方法。如用粉笔画圈、以物圈围、放置标识牌、插标志旗等。这种方法主要用于以下两种现场：一是遇有需急救人命、抢救财物、排除险情等某种紧急情况的室内外现场。二是范围较大，痕迹、物品较分散，保护人员已经发现而随时有被人为因素变动的室外现场。

（三）遮盖法

遮盖法，是指现场保护人员进入现场，在犯罪痕迹、物品上用一定的物品进行遮盖保护的方法。这种方法主要适用于室外现场痕迹、物品的保护，特别是遇到刮风、下雨、下雪等情况时，则要设法用盆、塑料布等不透风雨的物品进行遮盖保护。

（四）转移法

转移法，是指在特殊情况下，现场保护人员将现场可能受到破坏的带有物证的物品以适当方式转移到安全处进行保护的一种方法。这种方法主要适用于需要抢救伤员、抢险灭灾，或是交通要道等容易遭受破坏的现场。

（五）提取法

提取法，是指在保护现场过程中，用适当的方法将特定的痕迹物品进行提取的一种方法。这种方法适用于：一是现场封锁效果不好，周围人员情况复杂，而痕迹物品分散，警力不足，不及时提取有可能丢失、遭到破坏的细小珍贵物品或者重要痕迹物品。二是其他保护措施无效的，不提取难于保护的痕迹物品。

（六）板桥法

板桥法也叫搭桥法，是在现场保护或勘查过程中，保护人员和侦查人员为保护犯罪现场中进入通道上的痕迹物品，采取在地面上搭桥进入现场的一种保护方法。有条件的可使用专用的现场勘查通道板。

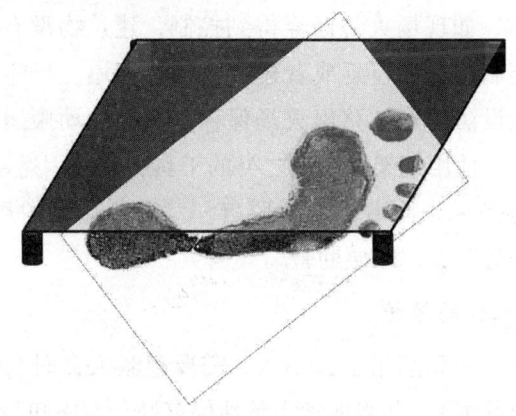

图 4-2　现场勘查通道板使用示意

五、现场上尸体的保护方法

（一）室外尸体（尸块）的保护

对这类尸体，一般情况下一般不要采取任何遮盖措施，因为遮盖必然要接触尸体，或造成尸体姿势变动及表面痕迹物证的破坏，或加速腐败。只在特殊条件下采取一定的遮盖措施。夏天在烈日暴晒时，要用苇席等透气的物品进行架空遮盖，以防尸体温度升高，加速腐败过程。冬季在野外发现的尸体不要将其移入室内，应就地进行保护，以免冷冻的尸体随着环境温度的升高而解冻融化，导致尸体上的伤口变形及尸表的冷凝水破坏尸体上的血迹形态，给后续的尸检工作带来困难。在遇下雨、降雪、刮风等气候变化时，应用塑料布等不透风雨的材料遮盖，以免尸体上附着的血迹、毛发、精斑等物证被散失、污染和变化。

（二）山林、旷野等处尸体（尸块）的保护

对这类尸体的保护，除了上述要求外，主要是现场保护人员要加强值班看守，以防止尸体受到兽食鸟啄而发生变化。

（三）水中尸体（尸块）的保护

对于浸泡在水中的被害人，如果已没有救活的希望和可能，则不必打捞上岸。因为尸体暴露在空气中较之浸泡在水中更容易腐败，而且打捞时，极易损伤尸体上的附着物，从而增加检验工作的难度。但如果水流过急，尸体有被水冲走的危险时，应设法加以固定，无法固定的，则应打捞上岸并进行遮盖保护。在打捞尸体时，要十分小心，不要直接抓握尸体的四肢进行拖拉，更不可使用铁钩等硬物去打捞，要用干净的布匹从水下将尸体慢慢兜上来，以免形成新的损伤而增加现场勘查工作的复杂性。

（四）火场中尸体的保护

对于火场中的尸体，如现场火势已经得到控制，建筑物没有坍塌危险，应对尸体就地进行保护。如不能制止火势蔓延或者建筑物即将坍塌，尸体有被烧毁或被倒塌的砖石覆盖的危险时，应设法将尸体移出火场保存。但在移动搬运尸体时，应当记住原来的位置、姿势，尽可能使用担架、门板之类的工具，避免因搬动不当造成新的伤痕、沾染上新的物质或者导致原来附着的物质脱落。对于搬运出的尸体，如无特殊原因，仍应按搬动前尸体的姿势存放，以便勘验。

（五）对吊挂着的人体的保护

发现吊挂着的人体，如系刚吊上去不久，需要急救人命时，可用剪刀将颈部未打结处的绳索剪断（切忌解绳），并将绳索完整地保存好。在摘卸吊挂者时应注意一定的方法，由一人或几人托住吊挂者，另一人将绳索剪断，然后将吊挂者轻放在适当地点进行抢救或保护，以免吊挂者的身体被摔而形成新的伤痕。在登高剪绳索时不能脚踩现场上的家具作为垫脚物，防止家具上的痕迹物证受到破坏。如果吊挂着的人确已死亡，则不必急于将尸体卸下来，应照原样进行保护，以便侦查人员进行勘验、检查。

📖 **实验注意事项**

犯罪现场保护的要求主要是针对保护人员来说的。在犯罪现场保护工作中，保护人员是现场保护工作的主体，保护人员尤其是现场保护的组织者无疑起着至关重要的作用，保护人员的行为直接影响保护工作的结果。除了保护人员的作用外，相关制度保障、工具装备也影响着保护工作的质量。

1. 及时迅速。犯罪现场具有易变性，无论是场所、痕迹、物品，还是尸体和人身，每时每刻都面临着人为因素和自然因素的改变。及时有效的现场保护是案件侦破工作的快速反应机制的要求，现场保护人员及时赶赴现场，才能抓住战机，争取主动。

2. 保守秘密。公安基层民警在保护现场过程中，对所见所闻所感以及勘查过程中所了解的一切，都要严格保密，不许向无关人员泄露任何有关案件及现场的情况，这是现场保护工作的一项纪律要求，必须严格遵守。

3. 有高度的责任感。现场保护工作具有不确定性的特点，其表现为：一是勘查现场的时间不确定，保护现场的时间长短不确定；二是现场地点环境的不确定，气候、天气条件的不确定，现场性质的不确定，危险重重。现场保护人员一定要有为公安事业无私奉献的精神和高度的责任感。只有这样，才能集中注意力并保持高度警惕性，确保现场不受变动，勘查工作不受干扰。

4. 依靠群众。现场保护工作的不确定性已表明现场保护将面临诸多困难，要战胜困难，做好保护工作，仅仅依靠公安机关是不够的。只有相信群众、发动群众、组织群众、依靠群众，尤其是依靠基层干部、民兵和治安积极分子，才能为保护现场提供人力保障和必要的物质保障，做好现场保护工作。

5. 提高警惕。现场保护从表面看，危害结果已经形成，危害行为已经终止。其实不然，侦查实践表明，案件事实真相查明之前，危害社会的作案人归案、被绳之以法之前，潜在的社会危害始终存在。因此，公安基层民警在保护现场过程中必须时刻提高警惕，注意安全。

警惕有如下几方面的含义：一是尽职尽责，保持保护现场的注意力高度集中，防范有人越过警戒线；二是防范犯罪嫌疑人再次实施危害社会的行为；三是防范现场潜在的危害后果发生；四是防范不法分子趁火打劫。

6. 装备齐全。现场保护器材装备的准备十分重要，要做好现场保护工作，必须改变只出警不带器材装备的现状。侦查实践表明，现场勘查效果如何，与现场保护有直接关系，而现场保护又取决于保护器材装备是否齐全。古人云：工欲善其事必先利其器。要保护好现场没有必备的器材装备是不行的。例如，野外命案现场，面临雨水冲洗，如果没有防雨用品谈何保护现场。现场保护器材装备不齐全、不规范是公安机关侦查实践中的一个亟待加强的薄弱环节，是导致现场勘查痕迹、物证提取率和利用率不高的一个重要因素，必须给予高度重视和加强，使现场保护工作朝着规范化、科学化和现代化方向发展。

项目二　现场访问

🖐 **实验目的和要求**

通过对不同访问对象进行访问及收集证据材料等方面的实验，使学生熟悉在不同现场寻找被访问对象的途径和方法；掌握各类案件现场访问的内容；掌握对案件发现人、报案人、被害人、事主、证人和一般知情群众等不同访问对象的访问策略、方法和原则；掌握判断现场访问材料的真伪方法；同时要求学生掌握制作现场访问笔录的格式、内容、方法和要求，为侦查、起诉和审判提供依据。

按照《公安机关刑事案件现场勘验检查规则》的规定，现场访问应当符合以下基本要求：

1. 现场勘验、检查人员在询问被访问人前，应当了解被访问人与被害人、犯罪嫌疑人之间的关系，确定现场访问的任务和方法，保证访问工作合法、客观、准确。

2. 现场访问时，现场勘验、检查人员应当向被访问人出示证件，告知被访问人必须履行如实作证的义务和作伪证或者隐匿罪证应当承担的法律责任。

3. 现场勘验、检查人员询问被访问人应当个别进行，可以在现场外围或者被访问人所在单位、住所进行。必要时，可以通知被访问人到公安机关接受询问。

4. 现场勘验、检查人员不得向被访问人泄露案情，不得使用威胁或者引诱的方法对被访问人进行询问。

5. 访问未成年人，应当通知其监护人到场。

6. 询问被访问人应当制作询问笔录。询问笔录应当由询问人和被询问人签字。经被访问人同意可以录音。

实验课时安排

2 课时。

实验场所安排

刑事侦查技术实训中心、本班教室等。

实验的准备

1. 将学生分成若干个犯罪现场访问小组，10 人左右为一组，分别扮演不同的角色。

2. 参加实验的学生在组长的指挥下，进入模拟现场视察和了解相关情况。

3. 各小组分别在模拟犯罪现场附近进行走访，寻找知情人。

4. 组长组织全组成员研究确定访问的顺序和内容，制定访问方案。

5. 在模拟犯罪现场附近某些适当的处所，根据分工，对具体的访问对象进行访问并写出访问笔录。

现场访问要遵循法律规定。访问人员首先要向被访问人出示证件，表明身份，然后说明意图，取得其配合；接着，告知其公民必须履行如实作证的义务和作伪证或者隐匿罪证应当承担的法律责任。提出问题后，要先让对象自由陈述，待对象陈述完毕，再补充提问，提问要全面，尽量避免遗漏；提问要注意方法策略，避免暗示、诱导。访问被访问人应当制作询问笔录。笔录完毕，经核对无误后，由被访问人签署意见、捺指印、写上日期，同时访问人员和被访问人都要签字。经被访问人同意可以录音。

实验内容和方式

按照《公安机关刑事案件现场勘验检查规则》第 64 条规定，现场访问的内容主要包括：

一、对不同访问对象的访问内容

（一）对报案人和发现人的访问内容

报案人和案件的发现人，是现场访问首先应访问的对象。访问中主要了解以下情况：

1. 发现案件的具体时间、地点和详细经过。

2. 发现案件时现场的原始状况，勘查前现场有无变动？变动的原因是什么？变动的具体情况怎样？

3. 发现案件现场时，有什么人在场？什么人进出过现场？他们的姓名、住址和工作单位的情况如何？嫌疑人的情况如何？

4. 发现现场后是在何时通过何种途径报案的？是否采取过保护措施？采取了哪些具体的保护措施？

5. 对案件的发生有什么看法，依据是什么？

（二）对事主和被害人的访问

访问中主要了解以下情况：案件发生、发现的情况；犯罪嫌疑人的人数及体貌特征；犯罪嫌疑人作案时的来去方向和采用的交通工具；犯罪嫌疑人作案时是否使用了凶器、工具及其种类、形态和特征等；财物损毁及损失情况；有无怀疑对象，根据是什么。

（三）对被害人家属、亲友的访问

被害人平时的生活、工作、经济、品德及社会交往情况；案发前后有无反常情况等；有无怀疑对象，根据是什么。

（四）对知情人的现场访问

访问中主要了解以下情况：案发当时或前后看到或听到的情况；有关被害人及其家属、亲友的情况；在现场周围是否见到或捡到凶器及其他可疑物品等；对案件的看法以及别人对案件的议论和反应等；当地的敌情、社情和其他可疑情况等。

二、对不同性质案件的访问内容

（一）对盗窃案件的现场访问

访问中主要了解以下情况：发现被盗的情况；现场变动的情况；被盗物品的情况；被盗物品的保管情况；犯罪嫌疑人作案的情况；嫌疑线索等情况。

（二）对杀人案件的现场访问

访问中主要了解以下情况：发现案件的情况；被害人的情况；群众反映的情况等。

（三） 对抢劫案件的现场访问

访问中主要了解以下情况：被抢的情况；犯罪嫌疑人作案的情况；被害人反抗的情况等。

（四） 对强奸案件的现场访问

访问中主要了解以下情况：案件发生的情况；犯罪嫌疑人作案的情况；犯罪嫌疑人的情况；被害人反抗的情况；犯罪分子讲话的内容；嫌疑线索情况；被害人思想作风、恋爱、婚姻等情况。

（五） 对爆炸案件的现场访问

访问中主要了解以下情况：发现爆炸的情况；爆炸前后现场及保护的情况；现场伤亡的情况；事主本人的情况；炸药的使用情况等。

（六） 对投毒案件的现场访问

访问中主要了解以下情况：发现案件的情况；现场变动的情况；毒物的来源情况；毒物器皿的情况；中毒者的情况；群众的反映。

（七） 对纵火案件的现场访问

访问中主要了解以下情况：发现案件的情况；现场变动的情况；事主的情况；火源的情况；嫌疑线索的情况。

实验注意事项

1. 现场访问必须依法进行。
2. 现场访问时，注意正确运用访问的方法及策略。
3. 现场访问时，要符合深入、公正、求实、保密的要求。
4. 现场访问笔录制作一定要规范。
5. 现场访问笔录应逐页编号、签名或捺印。

项目三　现场勘验

实验目的和要求

现场勘验是指勘查人员运用人体感官和科学技术方法，依法对与犯罪有关的场所、痕迹、物品、人身、尸体所进行的勘验、检查、研究和记录。其要求包括以下几个方面：

一、客观全面

在勘验检查过程中一定要避免主观臆断，防止有所遗漏。一是对现场中心和现场外围，原始现场、变动现场、被破坏现场都要全面勘验；二是收集痕迹物证时对模糊、残缺不全的物证都要收集，只有通过检验分析才能确定取舍；三是分析疑犯条件及犯罪过程时，要尽量涵盖所有可能。

二、程序规范

每一个案件的现场都必须按照程序化、规范化的要求进行勘验检查。如勘查过程要遵循"先静观后动手，先固定后提取，先地面后空间，先表面后内部，先重点后一般、先简易后疑难"的基本规则；设置警戒线和告示牌，禁止无关人员进入现场；认真了解案情、巡视现场和合理划定勘查范围；戴头套、手套、鞋套、口罩进行勘查；认真发现、提取常规痕迹物证、微量物证和生物检材；勘查和提取物证时要及时告知见证人等。

三、依法进行

勘验检查工作一定要严格遵守法律、法规的有关规定，如勘验检查人员不得少于2人；应当邀请1~2名与案件无关的公民作见证人；检查妇女的身体，应当由女侦查人员或者女医师进行等。同时还要严格遵守现场勘验、检查人员纪律：①服从指挥；②文明举止；③保护财物；④清理现场；⑤保守秘密。

根据《公安机关刑事案件现场勘验检查规则》等相关规定，现场勘验、检查工作应当严格遵守国家法律、法规的有关规定，不受任何单位、个人的干扰和阻挠。公安机关对刑事案件现场进行勘验、检查不得少于2人。勘验、检查现场时，应当邀请1~2名与案件无关的公民作见证人。执行现场勘验、检查任务时，现场勘验、检查人员应当服从命令，听从指挥，程序规范，举止文明。现场勘验、检查结束后，现场勘验、检查人员应当对现场进行清理，所有耗材必须带离现场，妥善处置。现场勘验、检查人员应当严格保守秘密，不得向无关人员泄露现场信息，不得擅自接受新闻媒体的采访。

四、注意安全

由于某些现场存在着较大的安全隐患，如爆炸现场、火灾现场等，所以勘查人员一定要增强安全意识，注重自身保护。一般应首先排除险情，在保证安全的前提下，才能进行现场勘验、检查。

📖 实验课时安排

4课时。

📖 **实验场所安排**

刑事侦查技术实训中心、本班教室等。

📖 **实验的准备**

普通现场勘查箱、痕迹勘查箱，刑事照相器材（照相机、三脚架、闪光灯），勘查灯、紫外灯，静电吸附器，现场测量工具，警戒带，现场勘验三件套（即头套、手套、鞋套），《现场勘验检查证》《现场见证人证》，人体模型（含外衣裤、内衣裤、鞋子），枪支、衣服、线手套、烟头、饮料瓶、碎玻璃若干、纸张、塑料袋、菜刀、水果刀、胶水、卫生纸、洗脸盆等模拟现场道具。

📖 **实验内容和方式**

《公安机关刑事案件现场勘验检查规则》第 31 条规定，现场勘验、检查按照以下工作步骤进行：①巡视现场，划定勘验、检查范围；②按照"先静后动，先下后上；先重点后一般，先固定后提取"的原则，根据现场实际情况确定勘验、检查流程；③初步勘验、检查现场，固定和记录现场原始状况；④详细勘验、检查现场，发现、固定、记录和提取痕迹、物证；⑤记录现场勘验、检查情况。

现场勘验一般按从整体到局部、从局部到个体的步骤进行。

一、巡视现场，划定范围

（一）巡视现场，确定现场的范围、结构、方位

勘验人员对现场周围情况、环境进行总体观察后，一要确定现场的方位，即现场处于什么地理位置，周围地形如何，现场附近是否有明显的参照物。二要确定案发现场是在室内还是在室外。对于室外现场，要观察其地理环境如何，周围地势地形如何等；对于室内现场，应观察其建筑物处于什么地理位置，整栋建筑物结构如何，室外的道路分布如何，房屋的外形结构、用途，房屋的门窗分布情况等。

通过对现场方位结构的确定，可以对犯罪现场有一个初步整体的认识，同时可以对勘验的范围作出划定并确定现场警戒区域。划定现场范围一般可以适当把范围划大一点，再根据实际情况调整。

（二）确定现场的中心、出入口和外围

一般对犯罪现场进行勘验时，不能平均使用人员力量，要遵循"突出重点，照顾全面"的原则，突出重点就是要抓住现场的中心及其重点部位。因为这些地方对于查明案情、发现收集侦查线索和犯罪证据有重要意义。

在非杀人现场，现场的中心一般为破坏最严重的地方；在杀人现场，现场的中心

一般为陈尸地点。现场中心部位通常有如下特征：①多能反映实施犯罪过程；②遗留的痕迹、物品数量较多，分布较集中；③往往有明显的犯罪后果；④多有不同程度的翻动、破坏，能反映出作案目标。

重点部位一般为遗留物较多、痕迹最集中的地方。通常有如下特征：①能够反映案件性质的区域；②能够反映案件过程、特点的区域；③能够反映犯罪行为人的范围、特点的区域。

确定现场的出入口时，一般有明显的出入口就可确定为出入口；出入口并不明显时，要仔细观察寻找出入口。通常明显的出入口有被损坏的门窗、现场唯一的通道等。如找不到明显的出入口，侦查人员就要认真观察现场，看是否有隐蔽的出入口，如气窗、地洞、暗门等。有时犯罪行为人会作出假象来误导侦查人员，这就需要侦查人员有丰富的经验，才能作出正确的判断。

一般情况下都是根据犯罪行为人的来去路线确定现场外围，因为犯罪行为人会在出入路线上留下犯罪痕迹，侦查人员可以通过认真观察出入路线，发现可疑痕迹，确定现场外围。现场外围通常有如下特征：①能反映犯罪行为人进出现场中心的来去方向和路线；②与现场中心紧密相连，是犯罪现场的一部分；③现场外围可能留有足迹、交通工具痕迹、拖拉、搬运的痕迹，还可能留有某些遗留物；④现场外围是留有可疑遗留物品的有关场所，是进行勘验活动的有效范围；⑤现场外围是犯罪行为人实施非主要犯罪行为的场所或地点，多数没有伪装和破坏。

（三）确定进入现场路线

在确定了现场中心、出入口和外围以后，由现场勘查指挥员指定一名有经验的痕迹技术员为先导，根据现场的环境状况，现场痕迹物证的分布状况，被害人、事主、目击证人反映的情况和勘查的需要，寻找、选择一条进入现场的路线，作为后续人员进入现场进行勘查的路线。选线的原则是不改变现场原始状况，不破坏现场痕迹、物证。

（四）制作初步勘查记录

整体巡视是实地勘验的第一步工作，对勘验过程中观察到的情况、发现的痕迹物品要作记录；采取的紧急措施等具体事项也要作相应的记录；还要对现场的环境、方位等情况通过现场照相和现场制图等方法进行记录。这些记录可以使侦查人员在离开现场后回顾现场并进行观察；还可以使没到过现场的办案人员如同亲临现场。

二、确定勘验、检查流程

根据规定，应以现场地理位置、地形地物、范围大小及痕迹物证的分布情况为依据，按照"先静后动，先下后上；先重点后一般，先固定后提取"的原则，依现场实际情况确定勘验、检查的顺序和流程。

从整个现场来看，勘验顺序一般有：

（一）由中心向外围进行勘验

这种勘验顺序一般针对空间小，痕迹、物证比较集中的现场，如室内现场一般多采用这种勘验顺序。

（二）由外围向中心进行勘验

这种勘验顺序一般针对空间比较大，痕迹、物证比较分散，中心一时难以确定的现场。

（三）分片分段进行勘验

即把犯罪现场划分为若干个部分，逐一进行分段分片的勘验。主要适用于现场范围很大（如大型商场、超市、仓库、货场等）或者犯罪活动涉及多个场所的情况。

（四）沿着地形地物的自然界线进行勘验

如果是范围较大，而又地处自然界线较为明显的江河、湖泊、塘堰、沟渠、傍山小道、铁路、公路线上的现场，可以沿着河边、湖岸、铁路、公路的界线进行勘验。

（五）从特定部位着手进行勘验

如同时具有室内、室外现场的案件，因时间、气候或者人为等因素影响，可能使痕迹、物品受到破坏时，应当先勘验室外现场、后勘验室内现场，也可以同时进行；勘验、检查地处交通要道、繁华地段的现场，应当先从容易受到人为破坏和有碍交通的地点开始；勘验、检查两个以上现场，一般应当先勘验、检查最先发现的现场，或者遗留痕迹、物品较多的现场。

（六）沿着犯罪活动的路线进行勘验

如果现场上痕迹物品能够反映犯罪行为人行走的路线，或者经过现场访问，查清犯罪行为人作案时的来去路线，可沿着犯罪行为人作案时的来去路线进行勘验。

（七）沿着警犬追踪的路线进行勘验

有条件使用警犬追踪的案件，可沿着警犬追踪的路线进行搜索性的勘验。对于警犬追踪路线上发现的可能是犯罪嫌疑人停留、隐蔽或藏匿罪证的地点，应进行仔细的搜索和检查。

以上几种勘验顺序符合勘验活动的一般规律，是保证勘验活动有效、有序的基础，实地勘验中应当遵守。但也并不意味着每次勘验只能择一而行。

三、初步勘验、检查现场

初步勘验，也称静态勘验，是在不变动现场原始状态的情况下，按照确定的勘验范围和顺序，把现场分成若干部分，逐一进行观察、记录、研究的一项勘验活动。

1. 观察现场各部分有哪些明显可见的痕迹物品及其分布状况、位置、形态和相互关系。局部勘验仍是静态勘验，需要在整体巡视的基础上进一步观察现场各个部分有哪些明显可见的痕迹物品，并对有关的痕迹物品的位置、状态、性质做好记录和测量。同时，应向事主、被害人或其家属了解案发前的现场情况，必要时还可邀请他们进入现场，详细询问现场内的变动情况和丢失物品的原始位置，以便确定勘查重点。

2. 注意局部与局部之间的相互关系及与整个现场的联系。一个现场往往可划分为不同部分，但不应割断各部分之间的联系，也不可割断每一部分与整体的联系。要分析判断各个部分形成的先后关系，犯罪行为人在各部分活动的时间长短，现场各部分出现的痕迹特征的相同和差异的程度及出现差异的原因等。

3. 还原犯罪过程。现场各部分痕迹物品的状况是犯罪行为人在现场该部分活动情况的真实写照，通过对各部分痕迹物品及物质环境的研究比较，并全面考察整个现场的状况，分析判断作案者在现场上的活动情况，勾勒出犯罪行为人的犯罪行为过程。

4. 固定和记录现场上的痕迹、物证。现场上的痕迹有些是显而易见的，也有些是潜在的，这就要通过局部观察，发现这些潜在的痕迹，并用标记、遮盖、照相等适当方法加以固定，为个体勘验做好准备。

四、详细勘验、检查现场

详细勘验，是侦查人员对现场上的各种痕迹、物品、人身、尸体逐一进行观察、检验、记录和提取的一项勘验活动。

1. 发现、显现、提取潜在的痕迹物证。现场上有些痕迹物证是明显的，但大量的痕迹物证不易在自然条件下被发现，如无色的汗液手印、手套印、无色平面足迹、毛发、粉尘、血点等。对于这些潜在的痕迹物证，要采取各种技术手段，进行仔细观察，让其显现出来。提取痕迹的方法通常有照相法、复印法、制模法等。

2. 研究分析痕迹物证的形成过程。对于已发现的痕迹、物品，要研究其与犯罪活动的关系。如痕迹：由什么动作形成的？由什么物质形成的？造痕体的结构特点怎样？物品：用途是什么或属于什么性质的？为什么被接触、破坏或遗留在现场上？是否是犯罪行为人遗留下的？等等。

3. 现场记录。在个体勘验阶段，要对发现的痕迹、物品加以记录固定。记录固定痕迹、物品的方法有文字记录法、绘图法、照相法、录像法。即以现场勘验笔录、现场图、现场照片、现场录像的形式来实现对犯罪痕迹物品的记录固定。

实验注意事项

《公安机关刑事案件现场勘验检查规则》第27条规定，公安机关应当为现场勘验、检查人员配备必要的安全防护设施和器具。现场勘验、检查人员应当增强安全意识，注意自身防护。对涉爆、涉枪、放火、制毒、涉危险物质、危险场所等可能危害勘验、检查人员人身安全的现场，应当先排除险情，在保证勘验、检查人员人身安全的前提下，再进行现场勘验、检查。第 26 条规定，勘验、检查暴力犯罪案件现场，可以视案情部署武装警戒，防止造成新的危害后果。

项目四　现场勘验检查记录

实验目的和要求

现场勘验检查记录是指侦查机关对与犯罪有关的场所、痕迹、物品、尸体和人身进行勘验、检查时，运用文字、绘图、照相、录像等形式进行客观记载的一种法律文书。

《公安机关刑事案件现场勘验检查规则》第 42 条规定，现场勘验、检查结束后，应当及时将现场信息录入"全国公安机关现场勘验信息系统"并制作《现场勘验检查工作记录》。公安部同时规定，凡具备勘验检查条件的现场均要认真开展勘验检查工作，杀人、爆炸、放火、强奸、绑架、投毒、破坏、伤害致死、入室抢劫和入室盗窃等十类案件现场勘验、检查率要力争达到 100%。

实验课时安排

4 课时。

实验场所安排

刑事侦查技术实训中心、本班教室、校园空地等。

实验的准备

实验器材及用品：模拟现场或案例材料、笔录纸，或根据模拟现场案情需要准备相应的器材。

实验内容和方式

一、现场勘验检查笔录

现场勘验检查笔录是勘验检查人员运用文字的方法，对与案件有关现场上的物品状态和空间关系的真实描述，是对勘验检查过程所作的客观记录，是勘查卷宗的主要组成部分。

（一）现场勘验检查笔录的基本内容

现场勘验检查笔录包括标题、前言、正文、结尾四个部分。其内容必须全面、客

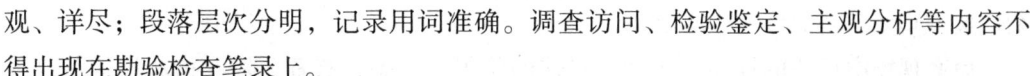

观、详尽；段落层次分明，记录用词准确。调查访问、检验鉴定、主观分析等内容不得出现在勘验检查笔录上。

（二）现场勘验检查笔录的内容与格式

1. 标题与编号。现场勘验检查笔录的标题应置于首页上部居中，每个勘验检查笔录应具有唯一性编号，置于标题右下方。其内容和格式为"××公（××）勘〔××〕号"。在"公"字前面填写主勘单位县级以上行政区划简称，在"勘"字前面填写主勘单位的简称，在"号"字前面填写全国公安机关现场勘查信息系统中的现场勘查流水号。

2. 前言部分的内容与顺序。现场勘验检查笔录前言部分的记录应包括接处警、勘验时间、现场地点、天气情况、案发情况、现场保护、见证人、现场指挥。上述内容的表述应自然分段。

接处警应记录接警时间、接警方式、接警简要情况和处警工作要求，记录勘验检查指挥人员带领侦查人员赶赴现场的情况。

勘验时间应记录现场勘验起始和结束的时间。

现场地点应记录省（直辖市）、地市、县区、乡镇街道、门牌号（村）。现场地点是机关、企事业等单位的应写明单位全称；现场地点是住宅的应写明受害人的姓名；野外现场应描述具体的位置和参照物。

天气情况的记录应包括温度、相对湿度、风向、气候条件（阴、晴、雨、雪、雾等）。

案发情况应记录案件发现人姓名、性别及身份、具体发现过程和现场变动情况。

现场保护应记录现场保护人的姓名及身份、到达时间、保护措施、保护方式。

现场勘查见证人应记录其姓名、性别、年龄、工作单位或住址。

现场指挥应记录实地勘验组织指挥人员的单位、姓名和行政或技术职务。

3. 正文部分的内容与顺序。现场勘验检查笔录正文部分的记录应包括所勘验现场的中心现场的方位、现场、中心现场、痕迹物证及命案现场中尸体的描述。

中心现场的方位描述应包括现场所处的地理方位、环境、设施，道路及建筑物的名称。

现场的描述应包括现场的空间结构，与案件相关的设施、物品名称及其位置、数量、状态（如门、窗、家具等）。现场物理空间、物品、痕迹物证、尸体的描述应有机关联。

中心现场描述的方法一般以一个物理空间为一个自然段。多个物理空间和某一空间的描述以顺时针为序。

痕迹物证的描述应包括与案件有关物证的名称、数量、形态、方向、角度和具体位置，及处理和提取的方法。并制作现场勘验检查提取痕迹物证登记表。现场较为复杂、痕迹物证较多的可进行编号。

命案现场中尸体的描述应包括：尸体的位置、姿态、衣着、附着物及尸体与其他物体的关系。

4. 结尾部分的内容与顺序。结尾部分的记录应包括制作文书名称、数量，现场勘查相关人员的姓名、单位和日期。

现场图、现场照片、现场录音及现场录像的数量。

现场勘验检查人员、现场勘验检查记录人员和见证人的基本情况，并由本人签名。

记录制作日期。

5. 现场勘验检查笔录的更改。现场勘验检查笔录内容的更改，应当由记录人采用杠改方式进行，并在相应处注明更改的日期，并加盖个人名章或本人签名。

(三) 现场勘验检查笔录的制作要点

1. 顺序一致。现场勘验笔录记载的顺序应当与勘验的顺序相一致，以免因记载紊乱而发生遗漏和重复的现象。先勘验的先写，后勘验的后写，不能跳跃。勘验顺序一般有：先外围后中心；先中心后外围；沿着犯罪行为人活动的顺序开展；根据房屋的结构展开；先低处后高处；先外面后里面；等等。

2. 位置固定。在描述现场每一个客体物时，首先要确定该物体在现场上的具体位置。固定位置需要测量距离，测量距离时可以以比较固定的物品作为参照物，在室内通常以墙壁为参照物。位置描述要准确，不能使用较近、不远的地方、旁边、大致、大概、左右、估计、大约等模棱两可、含糊不清的词语。

3. 所见即所得。勘验检查笔录内容必须客观，只能记载勘验中所见的情况，不准将任何判断、推测的意见载入笔录之中。不能使用形容词和夸张的词语，用平实的语言描述现场上各种情况。

4. 详略得当。凡是与案件有关联的情况，都应当详细记载，不能遗漏。而对于那些与案件无关的情况，应简明扼要的记录，甚至可以不载入笔录。详写应做到"六定"——定位置、定高度、定方向、定长度、定特征、定处理。

5. 简洁清楚。描述语言必须简洁清楚，防止出现语言拖沓冗长，词不达意。在记录中多使用短句，少用长句。

6. 规范准确。现场勘验笔录用语要符合统一标准。不能使用非标准化的字、词、语句，不要滥用方言、俚语和自造字句，涉及的计量单位要按国家统一标准选用，涉外案件应符合国际规范。

7. 单独制作。如果要进行尸体检查、现场实验、人身搜查等，应单独制作笔录。

现场勘验笔录

现场勘验单位：　　××分局刑事侦查大队技术中队　　　指派/报告单位：　××派出所　时间：2013 年 2 月 1 日 9 时 15 分

勘验事由：　2013 年 2 月 1 日 9 时 15 分××分局刑警队接到××派出所的电话报告：××区××环村富宏家私厂发生故意伤害案，请派技术员到场勘查。

现场勘验开始时间：　2013　年　2　月　1　日　9　时　30　分

现场勘验结束时间：　2013　年　2　月　1　日　11　时　00　分

现场地点：　××区××环村富宏家私厂卸货台

现场保护情况：　保护人情况、方法以及变动现场的变动原因、情况

天气：阴□/晴☑/雨□/雪□/雾□，温度：24℃湿度：75% 风向：北

勘验前现场的条件：　　变动现场□　原始现场☑

现场勘验利用的光线：　　　自然光☑/　　灯光□/

现场勘验指挥人：孙×平　单位　技术中队　　职务　中队长

现场勘验情况：勘查现场前描述指挥人、勘查人分工情况以及邀请见证人等在场人员情况。

现场位于××区××环村富宏家私厂。该厂坐西向东，西面为一片住宅区，东面为一条水泥路（水泥路为南北走向，南面通向厚大路方向，北面通向环村方向），南面为一栋工厂，北面为一间私人屋。中心现场为该厂东北角的卸货台。首先由该厂东面门进入。经勘查发现，该卸货台位于该家私厂东北角，卸货台西面为该家私厂车间；卸货台离地面高约 1.3 米，为一长方形平台，平台长约 18 米，宽约 4.5 米。卸货台东面过道地面上可见少量玻璃碎片（拍照后实物提取玻璃碎片 3 片）及少量暗红色可疑血迹（拍照后用棉签转移法提取可疑血迹 3 处），靠近东面墙处放置有一辆小推车，小推车上未见明显痕迹；因该厂清洁工清扫地面，现场痕迹被破坏。现场经仔细勘查，未发现其他可疑痕迹。

以下无正文

第 1 页　共 2 页

现场勘验、检查制图 2 张；照相 6 张；录像 0 分钟；录音 0 分钟

现场勘验、检查记录人员：

笔录人孙×平

制图人袁×

照相人刘×平

录像人

录音人

现场勘验、检查人员：

单位××公安分局刑警大队　职务中队长　本人签名孙×平

单位××公安分局刑警大队　职务工程师　本人签名袁×

单位××公安分局刑警大队　职务工程师　本人签名刘×平

现场勘验、检查见证人员：

性别男　年龄19岁　单位或住址××区北隅社区　签名黄×

性别男　年龄26岁　单位或住址××区北隅社区　签名陈×红

二〇一三年二月一日

第 2 页　共 2 页

现场勘验、检查提取痕迹、物证登记表

序号	名称	提取部位	提取方法	数量	提取人
1	玻璃碎片	中心现场	镊子、包装袋提取	3	袁× 刘×平
2	血迹	中心现场	棉签沾取	3	袁× 刘×平
	以	下	空	白	

见证人：黄× 陈×红　　　　　　　办案单位（盖章）

提取人：袁× 刘×平

2013 年 2 月 1 日　　　　　　　　2013 年 2 月 1 日

二、现场绘图

现场绘图是勘验检查人员运用图示的方法对案件发生的地点、环境、建筑、陈设

物品和遗留痕迹等所作的客观记录。

（一）现场图的种类

现场图包括方位示意图、平面比例图、平面示意图、立体图、展开图、剖面图等类型。一般案件应制作方位示意图和平面示意图，命案及其他重特大案件应视情况增加图的数量和种类。现场图应布局合理、画面整洁。其表述的内容应与现场勘验检查笔录的内容相吻合。

1. 方位示意图。方位示意图应全面反映现场所处位置及与周围环境的关系。中心现场的位置用方向朝下的红色双箭头线条表示，需要反映多个现场的可采用同样方式表示。现场方位示意图可通过截取电子地图进行制作。

2. 平面比例图。平面比例图应准确地反映中心现场的环境、状态及物体之间的关系。命案现场应反映尸体、主要痕迹物证所处的位置及相互关系。平面比例图应严格按照比例绘制，测量和换算应当准确。

3. 展开图。当现场立面留有痕迹物证，可根据现场平面比例图制作展开图。展开图应反映现场空间不同平面上有关物体和物证的分布状态。尸体、痕迹物证等所在的位置应准确标示。

4. 平面示意图。平面示意图应客观地反映中心现场的环境、状态及物体之间的关系。平面示意图中尸体、痕迹物证的位置应明确标示。当现场立面留有痕迹物证，现场平面示意图可根据需要展开。

5. 立体图。立体图应客观反映中心现场的三维空间状态及尸体、痕迹物品等在三维空间所处的位置。现场立体图中物体比例应适当。立体图中重叠物品的轮廓线条应避免出现交叉重叠，符合实际视觉效果。

6. 剖面图。当现场中的重要痕迹物品或客体受到某立面遮挡时，应绘制剖面图。剖面图应反映现场不同空间上有关物体和物证的分布状态。

（二）现场图的构成

现场图应由图框、图题、图体、指北标志、图示、绘图说明构成，比例图应绘制比例尺。

1. 图框。图框的位置应符合勘查卷宗内文书版面之要求，用纸上白边（天头）：37mm±1 mm；用纸左白边（订口）：28 mm±1 mm；版心尺寸：156 mm×225 mm（不含页码）。图题、图体、指北标志、图示、绘图说明、比例尺均绘制于图框内。

2. 图题。图题置于图纸上方居中，包括案件名称（发案时间+发案地点+被害人姓名+案件性质）和图的种类，发案时间应写明具体年月日并用双引号（"某年某月某日"）标注。如"2013 年 9 月 29 日"××市××区××小区 3 栋 4 单元 401 号张××住宅盗窃案现场方位图或"2013 年 10 月 2 日"××市××区××街 134 号××烟酒经营部盗窃案现场平面示意图。图题太长可以分为两行。

3. 图体。图体即绘图的主体部分，为了给图示和指北标志留下空间，通常置于图纸中部偏左、图题下方。

4. 指北标志。指北标志即俗称的"指北针"，置于图纸的右上部，应指向图纸的上方。

5. 比例尺。比例图中，比例尺置于指北标志下部。

6. 图示。图示应位于图框内右中部，指北标志或比例尺的下方。图示应包括尸体、痕迹物证及其他必要的说明。现场中物品、痕迹物证必须编码，尸体用图形表示。

7. 绘图说明。绘图说明一般应位于图框内右下部、图例下方，也可根据图形的特点置于图纸左下部空白处。绘图说明应包括绘制人、绘图单位、绘图时间。绘制人应本人签名或盖章。

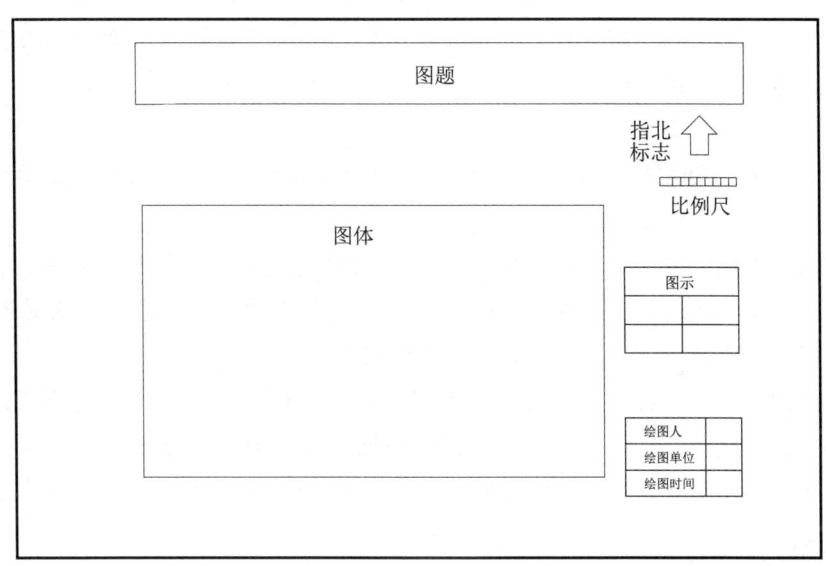

图 4-3　现场绘图的构成与分布

（三）现场图的绘制方法及注引

现场图可以手工绘制或用绘图软件制作，手工绘制现场图应用黑色碳素墨水进行描图。

现场图中不得用物证照片、尸体照片或手工绘制物证形状进行注引。

（四）绘制现场图的基本要求

根据《公安机关刑事案件现场勘验检查规则》第 47 条等规定，绘制现场图应当符合以下基本要求：标明案件名称，案件发现时间，案发地点；完整反映现场的位置、范围；准确反映与犯罪活动有关的主要物体，标明主要痕迹、主要物证、成趟足迹、尸体、作案工具等具体位置；文字说明简明、准确；布局合理，重点突出，画面整洁，标识规范；注明测量方法、比例、方向、图例、绘图单位、绘图日期和绘图人。

（五）现场草图的制作步骤

当今已经罕有手工绘制的现场图，因此本书主要讲述如何用计算机绘制现场图。在用计算机绘制现场图之前，在现场制作好现场草图是前提和基础。因此应当重视现场草图的制作，通常有以下几个步骤。

1. 构思。制作现场图分为现场草图和后期计算机制作现场图两个部分。但无论任何现场，均应当先构思好现场需要绘制的绘图类型，再根据所选绘图类型进行测绘并作出草稿，以便后期绘制。

制图前要有计划，拟定绘图的画面结构，是竖面构图还是横面构图，画面占纸的多大面积，图的名称写在哪里，图示说明放在哪里，指北针标在什么位置，局部特写放在何处等。同时，应注意一点，不管如何构思，必须要做到图纸面上的方位与实际现场的方位统一，无论怎样移动绘图板，都应在图纸面上保持方位规则："上北下南，左西右东"。

2. 测绘。构思好现场草图的类型后，开始现场测绘，现场测绘主要涉及方向和距离。

对方向的测试，主要依靠指北针。使用指北针测试方向，应当远离磁性物体，保持水平进行测试。此外，根据现场道路的走向、建筑物的朝向，也可以大致确定现场的方向。确定好方向后，可以面向北方开始绘制草图。

对距离的测试，测量工具主要有钢卷尺、皮尺、测绳等。较长距离的测试需要两个人协同工作。此外，对于室内现场，还可根据地板的数量乘以地板的宽度获得大致的长宽距离；对于室外现场，可以根据电线杆、里程碑、树木的间距估测实际的距离。

3. 草稿。

第一步，绘制现场轮廓。绘制现场草图，通常先确定现场的大致轮廓，并决定其在现场绘图纸上所占的比例，再将现场的主要组成部分绘制在图纸上，标注道路、内墙、门窗等位置、方向。

第二步，依次绘制细节。根据现场勘查的先后次序，在现场结构测绘的基础上，以固定的结构为参照物，测绘现场陈设物体，标注其形状、位置，反映其关系，准确绘制现场痕迹、物品、尸体等相关物品。

第三步，检查补充草图。检查指北针、图题等绘图的要件是否完善，检查现场物品距离是否标识清楚，检查发现的痕迹、物品是否在草图上标识完全等。检查无误可结束现场草图的绘制工作。

三、现场照相

现场照相指运用照相的方法，按照勘验、检查的规定和办案的要求，将案件发生的地点和与案件有关的痕迹、物品、尸体等所处的位置、环境状况及其特征等及时、客观、准确、全面、系统地进行拍照记录的一种技术。

（一）现场照相的内容和要求

1. 现场方位照相。现场方位照相是指以整个现场和现场周围环境为拍摄对象，反映犯罪现场所处的位置及其与周围事物关系的专门照相。现场方位照相在说明现场位置、环境的同时，还应反映出发案现场的季节、气候、气氛等。

进行现场方位照相时，拍摄点一般要选择远距离、高角度，以能全面反映现场及现场周围环境为准。充分利用永久性标志物或重要标志物在现场中的参照作用，直观地显示案件现场所处的位置及其与周围环境关系，如商店、特殊的高层建筑物、车站、桥梁、门牌、路标等。

2. 现场概貌照相。现场概貌照相是指以整个现场或现场中心地段为拍摄对象，反映现场的全貌以及现场内各部分关系的专门照相。现场概貌照相的特点是全面反映整个犯罪现场，重点反映犯罪现场上物与物、物与犯罪活动以及犯罪痕迹间的联系。现场概貌照相的要求如下：

进行现场概貌照相时，应当明确拍摄范围，按序分组拍照，拍摄点的选择以能够客观、系统、全面地反映现场概貌状况为准。既要避免重要部位的相互重叠、互相遮挡，又要防止或减少影像变形；要遵循"宁多勿少"的原则，拍摄时不能先入为主，尽可能把现场的整个范围及其全貌状况、特点、各事物之间的联系等，全部如实记录下来，以免造成遗漏；合理利用景深和超焦距、用光均匀；拍摄内容必须是原始现场，避免相片中出现勘查人员及其他无关人员的身影；现场概貌照相要求反映现场的原始面貌，这就决定现场概貌照相必须在现场静态勘查阶段进行。

3. 现场重点部位照相。现场重点部位照相是指记录现场上重要部位或地段的状况、特点以及与犯罪有关痕迹、物品与所在部位的专门照相。现场重点部位照相可以充分反映案件的性质，对分析作案人的作案目的、作案过程以及案件的侦破都具有特别重要的意义。

进行现场重点部位照相时，要求反映重点部位的状况和特点，反映重点部位与邻近物的关系，影像要清晰、不变形，多角度反映重点部位。

4. 现场细目照相。现场细目照相是指记录现场上所发现的与犯罪有关的细小局部状况和各种痕迹、物品，以反映其形状、大小、特征等的专门照相。

进行现场细目照相时，要求做到准确反映痕迹、物品在现场上的位置及其特征；保证被拍痕迹、物品清晰、完整、不变形；遵守比例摄影的原则；检材和样本的配光要一致；拍摄要及时；坚持先拍摄后提取的原则。

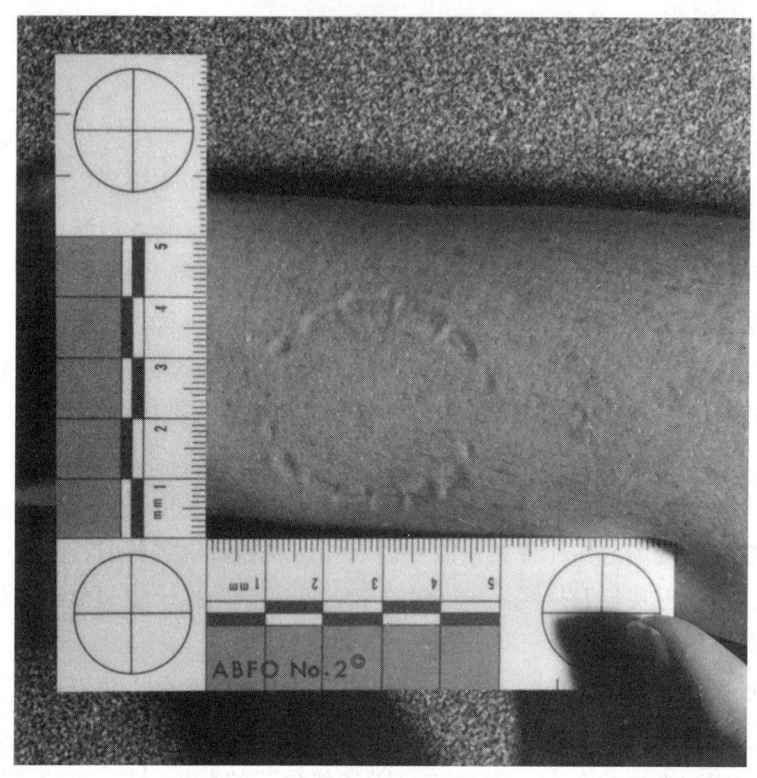

图4-4　现场细目照相

（二）现场照相的步骤

1. 了解案情。拍摄人员到达现场后，应与其他勘验人员一同了解案件发生、发现的时间、地点和经过，现场原始状况、变动情况及保护措施，出入现场的人员及原因。

2. 巡视并固定现场。在初步了解案情后，与其他现场勘查人员一同实地巡视现场，要对现场的外围环境、犯罪行为涉及的范围、现场内部状况、出入口以及痕迹、物品的分布状况及位置等，进行静态观察，在巡视现场的同时或详细勘查开始之前，应迅速准确地对现场概貌状况进行拍摄固定。

3. 现场构思，制订具体拍摄计划。根据现场状况，明确现场拍摄的内容、重点，构思安排多个画面、镜头的组合结构和对整个现场的表述方法，并制订拍摄计划。

4. 实际拍摄。实际拍摄时，在确保现场勘查的顺利进行和对原始现场全面客观反映的前提下，根据现场情况和现场勘查工作的要求，按照一定顺序拍摄。在实际拍摄中有以下几种拍摄顺序：按照现场照相的四项内容，先拍现场方位，次拍现场概貌，再拍现场重点部位，最后拍现场细目；先拍现场概貌，次拍现场重点部位，再拍现场细目，最后拍现场方位；先拍现场细目，再拍现场其他内容；先拍摄主体现场，后拍摄各个关联现场。

5. 查漏补缺。整个现场拍摄完毕后，应检查有无漏拍、错拍以及技术失误。

（三）现场照相常用的方法

研究现场照相的拍摄方法必须紧密结合现场照相内容的整体性和拍摄的目的性，同时也必须明确案件性质不同，现场环境不同，拍摄对象、目的和要求不同，其拍摄方法往往也不同。只有灵活运用拍摄方法，才能顺利地完成现场照相的任务。

1. 单向拍摄法。单向拍摄法是指从一个方向对着现场某一被拍物或现场某一侧面进行拍摄的一种照相方法。

运用单向拍摄法拍摄现场概貌和现场重点部位时，应将照相机镜头处于水平位置，尽量不用仰拍或俯拍手法；在拍摄现场细目（如桌面上的手印等）时，应将照相机镜头垂直于被拍物平面，以避免影像变形。单向拍摄时一般以纵深范围的前 1/3 处为调焦点，多用小光圈、较低快门速度，以获得较大的景深，保证整个画面中的影像都清晰，尽量使用顺光或前侧光配光。要注意选择恰当的拍摄角度、拍摄高度、拍摄距离，以获得充实而富于表现力的拍摄效果。

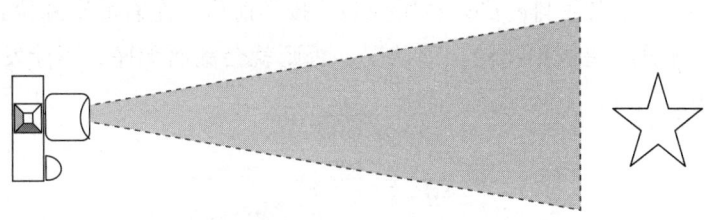

图 4-5　单向拍摄图示

2. 相向拍摄法。相向拍摄法是指以相对的两个方向、相等的距离对现场上某一中心部位或某一目标物进行拍摄的一种照相方法。

两个拍摄点应选在能准确反映被拍对象及其周围物品并且不变形、无逆光、无反光现象的两个相对位置。但相对的两个拍摄点和被拍物中心不一定在一条直线上，以能够表现背景和中心物体周围的有关痕迹、物品为原则。尽可能使两个拍摄点到中心部位或目标的距离和高度相等，以保证两张照片的影像大小比例关系基本一致，以便互相印证。拍摄较窄长的物体时，应从其两侧拍摄，避免从两端纵向拍摄造成影像变形。制作现场照片案卷时，应将相向拍摄的两张照片以上下或左右相对应的形式进行编排和粘贴。

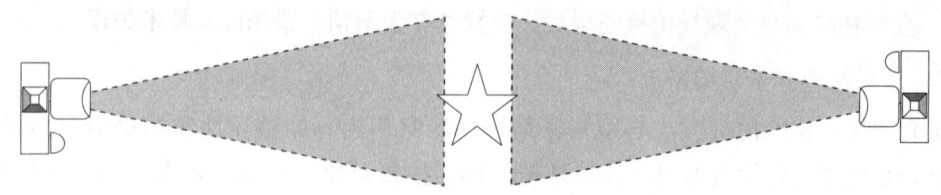

图 4-6　相向拍摄图示

3. 多向拍摄法。多向拍摄法是指从几个不同的方向，以相等的距离对现场上某一被拍物进行拍摄的一种照相方法。

取景构图时，要处理好重点和全面的关系。这是因为多向拍摄法的每一个镜头是独立的，只能反映现场的某一个侧面。既要有重点地反映主要目标的全貌，又要反映周围景物及痕迹、物品，就必须在每一个镜头的取景构图时，处理好重点和全面的关系，否则，拍摄的照片就会重点不突出、主次不分明。各拍摄点与被拍物中心的距离和高度尽可能相等，以保证每张照片的影像大小比例关系一致。应尽量避免逆光拍摄，必要时可进行补光。照片编排时必须将所拍照片按其前后、左右的实际位置组合起来，达到互相印证，充分反映被拍物的全面状况，否则就会乱而无序，不能发挥其应有的拍摄效果和作用。

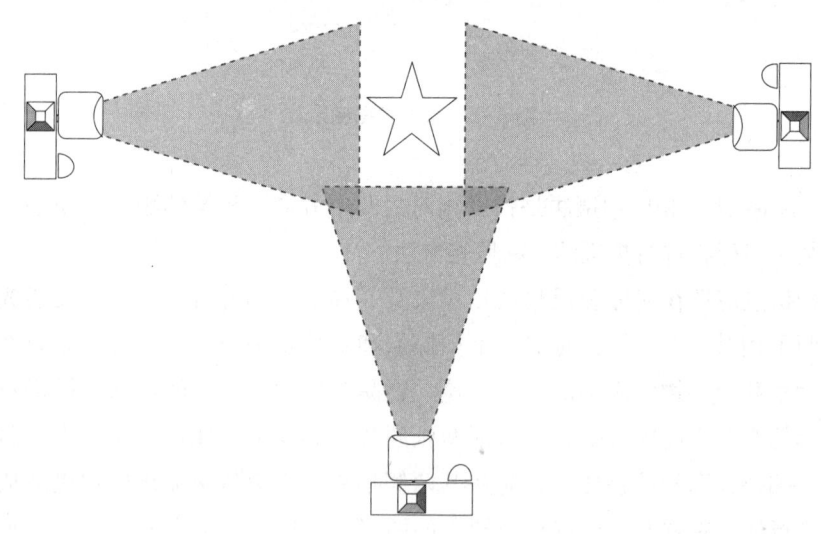

图 4-7　多向拍摄图示

4. 回转连续拍摄法。回转连续拍摄法是指固定拍照机位，水平或垂直方向转动镜头，将被拍客体分段连续拍照成若干画面的拍照方法。可通过 Ptgui、Photoshop 等软件将回转连续拍摄的多张照片后期拼接成为一张照片。

拍摄点应选在较高、较远的位置，并正对被拍摄对象的中心；被拍摄的主要物体应安排在画面中的显著位置，并要避免被其他物体遮挡。转动照相机改变拍摄方向时，要使相机保持水平，要避免转动轴移位（转动轴应在照相机镜头的中心），以减少影像的变形。照片影像的变形程度取决于照相机的水平程度和照相机转动时转动轴的位置。两个相邻画面的连接点应选在有明显标志的、直线条物体上，如房角、电线杆、树、墙等，不可选在与案件有关的主要物体上。两个相邻画面要有适当重叠的部分，重叠部分约占整个画面的 1/4~1/5 为宜。回转连续拍摄的所有画面应作一次性调焦和收缩光圈。因这种方法拍摄的对象，一般范围广而又纵深距离大，如不作一次性调焦和收缩光圈，会造成各幅画面景深范围和影像大小不一致，影响照片连接的质量。布光要均匀，曝光组合要一致（拍摄所有画面都要用同一级光圈和快门速度）。选用标准镜头进行回转连续拍摄，长焦镜头也可以，但不宜用广角镜头。广角镜头拍摄的照片影像易产生近大远小的变形，从而对照片连接不利。

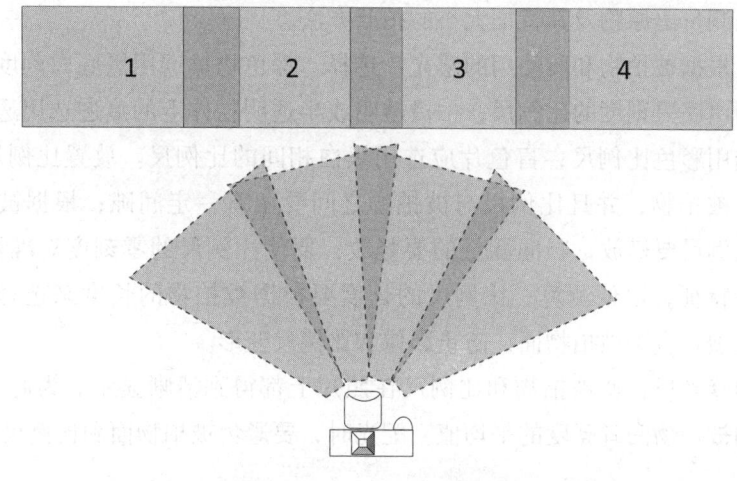

图 4-8　回转连续拍摄图示

5. 直线连续拍摄法。直线连续拍摄法是指照相机的焦平面和被拍物平面平行、等距，沿着被拍物直线移动并将其分段连续拍照成若干个画面的一种拍照方法。直线连续拍摄多用于拍摄成趟足迹或较长的画面。与回转连续拍摄法相类似，可通过软件将直线连续拍摄的多张照片后期拼接成为一张照片。

每幅画面都要保持在等距离、垂直情况下拍摄，以防止影像变形。连接点选择要恰当，避开重点物品或痕迹；两相邻画面要有 1/4~1/5 的重叠部分，以便于照片的连接。直线连续拍摄法拍摄的每幅画面要一次性调焦和收缩光圈。每一幅画面的曝光组合、配光角度要一致。每张照片的放大倍数、反差、影调、色调等要一致。对有证据意义的痕迹、物品，要在被拍物的同一水平面放置比例尺，以显示被拍物的实际大小。

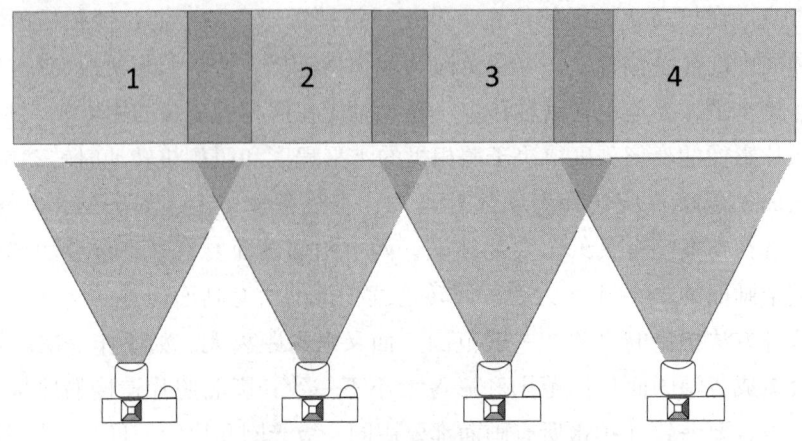

图 4-9　直线连续拍摄图示

6. 测量拍摄法。测量拍摄法是指将带有标准刻度的比例尺和被拍物一同摄入画面，再根据比例尺测量出原物及其特征大小的拍照方法。

比例尺要根据被拍物和所使用的感光片选择。深色物体选用黑底白刻度的比例尺；浅色物体选用白底黑刻度的比例尺；拍摄透明或半透明物体上的痕迹选用透明比例尺；彩色负片应选用彩色比例尺；盲色片应选用黑白相间的比例尺。放置比例尺时，有刻度的一侧朝向被拍物，并且比例尺与被拍物之间要留有一定间隙；根据被拍物情况，横向测量的比例尺要横放，竖向测量的要竖放；要使比例尺的零刻度对准被拍物的某一明显标志或特征，以便测算；比例尺的长度要根据被拍物的长度来选择。拍摄时，镜头的光轴必须垂直于被拍物面，防止影像和比例尺变形。

正确控制曝光量，使被拍物和比例尺在照片上都得到清晰显示。为此，曝光测定应取比例尺和被拍物两者亮度的平均值。配光时，要避免被拍物面和比例尺出现反光。

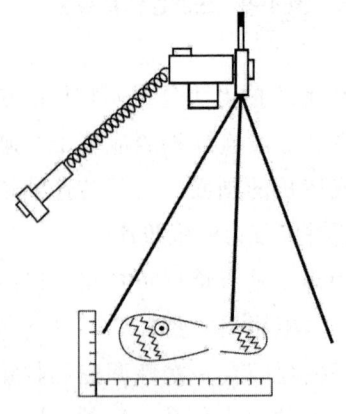

图 4-10　测量拍摄图示

（四）现场照片卷宗的制作

现场照片拍摄并且冲洗完毕后，必须挑选并制作现场照片卷宗。

1. 现场照片的种类。现场照片包括：方位照片、概貌照片、重点部位照片和细目照片。其段落层次、顺序应与现场勘验检查笔录的表述相对应。

（1）方位照片。方位照片应反映案件现场所处的位置以及案件现场周围环境特点。照片画面中应突出反映案件现场，并反映具有永久性的标志物；不能清晰反映标志物时，可采用标引辅助画面的方法。方位照片中现场的标示、照片数量、尺寸应符合下列要求：

方位照片通常用一幅照片表示，特殊情况可由一组照片或拼接照片构成。方位照片不得超过 4 张。主要画面的方位照片尺寸应为 127mm×203mm 左右或 89mm×127mm 左右；辅助画面的方位照片，尺寸应为 89mm×127mm 左右或 63mm×89mm 左右。拼接照片宽度不应小于 89mm，长度不应大于 305mm。中心现场应使用双箭头标示。

（2）概貌照片。概貌照片应反映现场的全貌及现场内相关事物的关系。一个物理空间的概貌照片一般不超过 4 张，特殊情况可酌情增加。概貌照片尺寸应为 89mm×127mm 左右。

（3）重点部位照片。重点部位照片应反映现场重要部位的状况特点，重要痕迹物证、物品遗留部位及其与附近物体之间的关系。重点部位照片的内容应在概貌照片中反映其所处的位置。重点部位照片尺寸应为 89mm×127mm 左右。

（4）细目照片。细目照片应反映现场上发现的与案件有关的各类痕迹物证、物品的大小、形状、特征。细目照片的内容应在重点部位照片中反映其所处的位置。细目照片尺寸应为 63mm×89mm 左右或 89mm×127mm 左右。细目照片应使用比例尺。比例尺长度应长于所拍摄痕迹的长度。比例尺一般置于所拍痕迹物证左侧，特殊情况可置于右侧。

2. 现场照片的编排要求。现场照片的组合编排应系统连贯、直观简明，能充分表述案件现场的整体状况。

3. 现场照片卷的组成。现场照片卷应由照片、标引线、文字说明等构成。现场照片卷可使用洗印照片粘贴或电脑编排打印制成。

4. 现场照片的标引。现场照片主画面与附属画面需表达主题内容与位置关系时应使用标引方法，并符合下列要求：

标引线应处于同一或相临版面，一般不得隔版面。

标引线应为连续的单线条，线宽不宜超过 0.7mm。

标引线应与卡片纸的边平行，必要时可以用折线，折线的角应是直角，一条线的折角不得超过两处，标引线之间不得交叉，并不得使用箭头。

标引线的线端指向应准确，不得远离被标引对象。

标引线通过与线条颜色相同或相近的照片影像部位，可选用易于辨别的颜色。

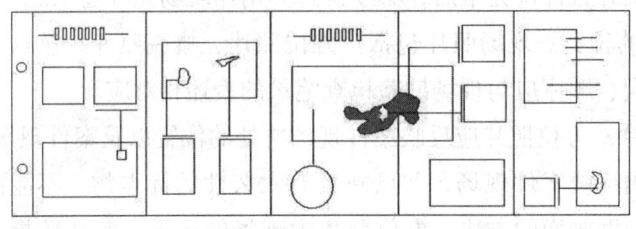

图 4-10　正确的标引方法

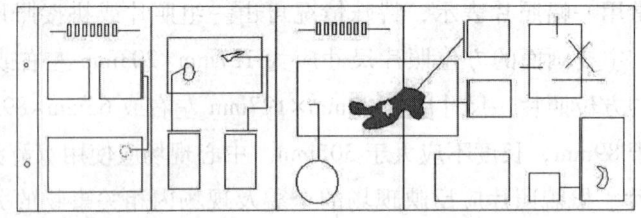

图 4-11　错误的标引方法

5. 现场照片的文字说明。现场照片应附注文字说明，内容要通俗简练，严密准确，不应使用"同上"或"同左"等术语。文字说明一般应置于照片下方，竖幅照片说明可置于照片右侧。文字说明的位置应位于距照片边缘 5mm~10mm 居中部位。文字说明不得出现在照片主体上。

6. 贴附照片的纸张与规格。贴附照片的纸张应使用 200g/㎡~250g/㎡ 白卡片纸或白板纸。电脑打印卷应用 90g/㎡~150g/㎡ 的白色纸张。正页幅面规格为 A4，一个段落层次有多张照片时，应在翻口连续折页。折页幅面长度应与正页一致，宽度为 182mm。每个折页连续不得超过 7 页（版面），折页为扇形折。每个折页（版面）须单独编码，编码位置置于右下角。

图 4-12　现场照片卷宗外观样式

7. 照片粘贴。照片粘贴应平整、牢固、整齐，照片粘贴的区域、位置、方向、粘贴方法应符合下列要求：

照片粘贴版面的上白边（天头）为：37mm±1mm，下白边（地脚）为：35mm±1mm，左右白边（除订口）为：13mm±1mm。粘贴照片卡片纸的图文区为156mm×225mm左右。

照片应粘贴在图文区，特殊规格的方位照片可占用左右白边或横跨两个版面。

画幅尺寸相同的两张（或两张以上）照片在同一版面且横向排列时，上下两边应平齐；竖向排列时，左右两边应平齐。

细目照片的方向应与所属主画面照片反映的方向基本一致；现场指纹、足迹等痕迹物证照片按专业要求粘贴。

粘贴照片应使用双面胶或胶水，并均匀粘涂于照片背面的四边，不得使用其他物质粘贴。

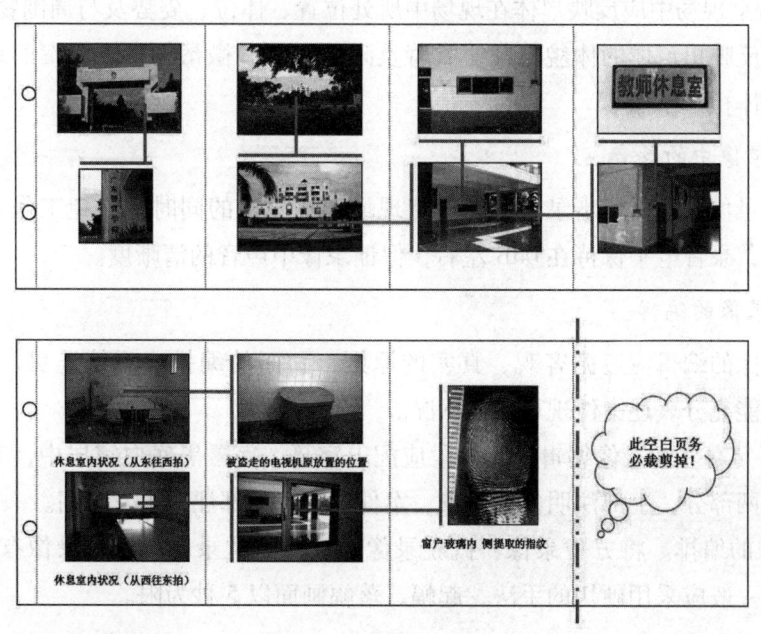

图4-13　现场照片粘贴

四、现场录像录音

现场录像录音是勘验检查人员运用录像录音技术，依据法律程序和现场勘查规则，将案件发生的地点、与犯罪有关的场所及其痕迹物证，进行及时、客观、真实、连续、形象、全面的摄录。

（一）现场录像的内容

现场录像的内容包括：方位录像、概貌录像、重点部位录像、细目录像。现场录像总的段落层次、先后顺序应与现场勘验检查笔录的表述相对应，并保持录像的连续性。

1. 方位录像。方位录像应反映案件现场所处的地理位置和现场周围环境等情况及相互关系。

2. 概貌录像。概貌录像应反映现场的全貌及现场内各相关事物的关系。

3. 重点部位录像。重点部位录像应反映现场重要部位的状况特点，重要痕迹物证、物证遗留部位及其与物品之间的关系。重点部位录像应在概貌录像中反映其所处的位置。

4. 细目录像。细目录像应反映现场上发现的与案件有关的细小、局部状况和各类痕迹物证、物品的大小、形状、特征。细目录像应尽量使用标尺并符合相关标准。细目录像的内容应在重点录像中反映其所处的位置。

5. 在命案现场中应反映尸体在现场中所处位置、体位、姿势及与周围物品的关系，特别要重点反映出尸体的体貌特征、衣着及附着物品和微量物证。命案的现场录像内容应包括尸体检验录像。

（二）录像中的录音

在现场录像应具有同步录音，在保持现场环境原声的同时应避免工作人员的噪声和杂音干扰，录音电平保持在 0dB 左右，保证录像中声音的清晰度。

（三）录像的编辑

现场录像的编辑应遵循客观、真实的原则，画面的编排应系统连贯、直观简明、过渡自然，能充分表述案件现场整体状况。

1. 片头字幕。在录像编辑的起始段应配上字幕，字幕黑底白字居中，字体大小适中，分上下两部分，上部注明发案地点、案件性质，下部注明案发时间。

2. 录像的编排。将方位录像、概貌录像、重点部位录像、细目录像有序地组接，镜头的衔接一般应采用硬切的手法，起幅、落幅画面以 5 秒为限。

（四）录像光盘的制作

完成制作的现场录像片应刻录光盘 2 张。以 MPEG2、分辨率 720×576 的格式为宜。录像光盘采用硬质透明塑料盒护套保存，光盘护套尺寸为 12.4cm×14.2cm。

（五）录像光盘包装

光盘应置于护套盒中，并加以附注文字说明的封面。

封面尺寸为 12cm×12cm 的白版纸张。封面文字说明内容有：发案地点、案件性质、时间、制作人员、片长等信息。

（六）录像保存

原始录像存储介质为磁带的，应保存磁带。原始录像存储介质为可擦写光盘、硬盘的，将原始素材复制成光盘予以保存。

编辑完成的 2 张现场录像光盘，一张附案件现场勘查检验卷，另一张可作为备份资料与现场原始录像资料一起存档。

实验注意事项

制作现场勘验笔录的注意要点有：

1. 现场勘验笔录记载的顺序应当与勘验的顺序相一致，以免因记载紊乱而发生遗漏和重复的现象。

2. 现场勘验笔录记载的内容要客观。

3. 现场勘验笔录用语力求准确、鲜明。

4. 现场勘验笔录用语要符合统一标准。

5. 现场勘验笔录记载的内容应繁简得当，重点突出。

6. 在现场勘验活动中，如果进行尸体检查、现场实验、人身搜查、物证检验等，应单独制作笔录。

7. 当一个现场进行多次勘验时，每次都应制作现场复验笔录。

8. 在犯罪现场勘验过程中，提取与犯罪有关的物品时，如该物品为被害人所有，应制作扣押笔录，填写《扣押物品清单》；如该物品为犯罪嫌疑人所有，则直接记录在勘验笔录中，不必填写《扣押物品清单》。

项目五 现场勘验检查情况分析报告

实验目的和要求

现场勘验检查情况分析报告是在现场讨论的基础上，就案件有关情况所作的分析记录。根据规定该报告归入侦查卷存档。现场分析报告是对现场分析内容的记录和整合，是对现场分析工作的规范化整理，有助于案件资料的信息化管理。现场分析报告主要包括：现场分析的依据；犯罪行为人侵害的目标及损失；作案地点；作案的方式（作案时间、作案的进出口、作案手段、侵入方式等）；作案工具；作案动机和目的；案件性质；作案人数；作案过程；作案人特点；串并依据；工作意见；分析人等内容。

实验课时安排

2 课时。

实验场所安排

刑事侦查技术实训中心、本班教室等。

实验的准备

电脑、纸张等。

实验内容和方式

现场勘验检查情况分析报告根据现场分析结果进行详细填写。

1. 现场分析依据的资料：主要是实地勘验和现场访问所得的信息情况，有的还来自于网上查询，还有的来自各种鉴定结果。

2. 侵害目标及损失：最主要有两类，一是财物损失，二是人的情况（损伤情况，严重程度）。

3. 作案地点：填写具体的发案地点，越详细越好。所填地点不能有错误或紊乱，或模棱两可。

4. 作案时间：要注意一点，作案时间是一个时间段，而不是具体的时间点。

5. 作案进出口：就是犯罪行为人进出现场的具体地方。有的时候犯罪行为人进行了伪装，对伪装情况进行说明。

6. 作案手段：犯罪行为人实施作案的具体方式，有没有预谋，有没有自带工具，是不是单独作案等情况。

7. 侵入方式：犯罪行为人进入现场的方法。比如：以某种借口进入现场，以破坏方式进入现场，以和平方式进入现场等。

8. 作案工具：包括用于破坏、威胁、行凶、交通、照明的工具，及其数量和特征等。

9. 作案动机目的：图财、矛盾、仇恨等。

10. 案件性质：图财害命、仇杀、抢劫杀人、强奸等。

11. 作案过程：作案过程是现场分析的主要内容，应详细进行刻画，要符合逻辑，符合现场的状况。可以按照这样的顺序进行组织：犯罪行为人预谋过程，进入现场过程，接触被害人的过程和实施犯罪过程以及逃离过程。

12. 犯罪特点：包括年龄、性别、体貌特征、心理特征、熟知特征、职业特征等。

13. 串并意见和根据：跟哪些可以串并，依据是什么以及串并工作的途径。比如根据现场指纹、DNA、足迹、作案手段、案件性质查询相关信息系统进行串并案件，发现同类案件。

14. 工作意见：包括侦查方向与范围、痕迹物证应用与保管、侦查破案途径与措施、技术防范对策等。

注意分析报告的正确填写：

现场勘验情况分析报告

案件编号：A44195353000020130403001　　勘查号：000401

现场分析 依据的资料	实地勘验、调查访问		
侵害目标及损失	张×生头部受伤		
作案地点	××市××区环村富宏家私有限公司的出货平台上		
作案时段	2013年2月1日9时许		
作案进出口	出货平台		
作案手段	推	侵入方式	无
作案工具	玻璃条		
作案动机目的	报复		
案件性质	故意伤害		
作案人数	1个		
作案过程	2013年2月1日9时许，犯罪嫌疑人陈×龙与被害人张×生在××市××区环村富宏家私有限公司的出货平台上，因工作的问题，双方发生口角，被害人张×生拿着一根玻璃条想打陈×龙，陈×龙用左手挡住后，并用右手推了一下张×生胸口处，张被推得往后退步时，从出货平台上掉到比平台低1.30米的地面上，致张×生耳朵流血。后送医治救治，经医生诊断，被害人张×生蛛网膜下腔出血，脑肿胀；颅内少量积气；右侧颞骨及枕骨骨折；右枕顶部头皮血肿。		
作案人特点	无预谋		
串并意见与根据	无		
工作建议	加强审讯并走访		
现场分析人	成×		

2013年2月1日

第五部分

案件侦查综合实训

项目一　杀人案件的侦查实验

实验目的和要求

刑事侦查学所研究的杀人案件，主要是指故意非法剥夺他人生命的犯罪案件，即我国《刑法》第132条规定的故意杀人罪。杀人是侵犯人身权利最严重的犯罪行为，对社会治安秩序和人民生命安全危害最大，历来是刑事侦查工作打击的重点。本实验的目的是培养学生综合运用所学侦查学知识和刑事侦查科学技术知识，独立完成杀人案件侦查过程的受理、现场勘查、立案、案情分析、破案等方法的操作，达到熟悉办案程序，独立思考问题、解决问题的目的。通过实验使学生了解杀人案件侦查的全过程，掌握法律关于受理刑事案件的基本要求、刑事立案的条件和程序，案情分析的主要内容、方法和进行分析的客观依据，选择侦查方向、范围及其应该采取的侦查措施，以及案件侦查所涉及的各项技能方法。

实验课时安排

4课时。

实验场所安排

刑事侦查技术实训中心、本班教室、校园空地等。

实验的准备

1. 多媒体教室（或幻灯机、投影屏幕、投影机等）。

2. 杀人案件侦查照片、音像资料。

3. 各种痕迹物证，如作案工具、凶器、绳索等。

4. 照相机，胶卷。

5. 警用器械，手铐、枪支等。

6. 有关侦查文书表格、公函纸、钢笔、印泥等。

7. 文字材料：①杀人案例；②法律法规主要包括：《刑事诉讼法》《公安机关办理刑事案件程序规定》。

实验内容和方式

本实验采取操作性实验方法和分析性实验方法，按照事先设计的案情和实验计划分阶段进行。实验指导教师针对实验内容分几次向学生提供杀人案件材料，每次提供的案件材料都要满足阶段实验任务要求。参加实验的学生，按照教师提出的项目与要求进行实验操作。

一、立案

立案是刑事侦查部门接到报案材料后，审查认为确有犯罪事实发生，需要追究刑事责任，按照管辖范围决定立为刑事案件并进行侦查的活动。实验的主要任务是受理案件，审查立案根据，办理立案手续。

1. 受理案件。报案、控告、举报犯罪可以用书面方式，也可以采用口头或电话的方式。对口头报案、控告、举报的，应当制作笔录，必要的时候可以录音；对电话报案的，应当制作电话记录。由扮演侦查人员的学生接待报案人、被害人家属。并根据受案时所掌握的情况，制作《接受刑事案件登记表》。

2. 审查立案根据。立案根据审查，采取以下方法进行：一是现场勘查，重点是发现反常现象，揭露伪装和假象；二是调查访问，应注意各种矛盾；三是侦查实验，验证案件事实。

3. 办理立案手续。符合立案条件的，填写《刑事案件立案报告表》和制作立案报告书，报县级以上公安机关负责人（扮演负责人的教师）批准立案。

二、勘查现场

杀人案件的侦查通常是从现场勘查开始的，勘查时应抓住以下重点：

1. 勘验尸体现场。实验操作：以尸体所在地点为中心，对现场的每个部位和物体，以及现场的周围环境和凶犯进出现场的路线等进行全面仔细地勘验。在勘验过程中，应细心地发现和提取与犯罪活动有关的各种痕迹物品，例如：凶犯的手印、脚印、破坏工具痕迹、交通工具痕迹以及抵抗、搏斗痕迹等；刀、斧、匕首、枪支、绳索、棍棒等杀人凶器；血迹、尸体附着物；凶犯的衣着和用品等。

2. 尸体检验。经过实际操作，要求学生查明死亡原因、推断死亡的时间；判断致死的手段、方法、过程和致伤凶器的种类；判明事件的性质。操作方法：一是尸体外表检验。例如，衣着检验，测量尸体的身长、体重；检查体格发育和营养状况，有无畸形、伤疤，全身皮肤的颜色，有无特殊的印记、斑痕、针眼及皮肤病等；测量尸体的温度，检查尸斑出现的部位、颜色和浓度，指压后是否褪色，尸僵出现的部位、强度，破坏尸僵后能否再形成；有无局部干燥的现象；是否发生腐败及腐败的程度等。二是尸体解剖检验（略）。

侦查人员在勘验现场和检验尸体的同时，还要抓紧时间访问报案人、发现尸体的人、死者家属、现场周围群众和知情人。现场调查访问材料可以由实验教师提供，也可以进行现场访问实验，由学生自己收集。

三、案情分析

分析杀人案件的案情，应该在综合现场勘验、尸体或伤痕检验、调查访问所获得的材料的基础上进行，主要包括以下几个方面的内容：

1. 判明死亡性质原因，鉴别死者是自杀还是他杀或意外事故。为了增加实验难度，可以在实验现场设置伪造现场或者假象，把他杀伪装成自杀、病故或灾害事故；故意自伤身体，而谎报被歹徒杀伤；死者家属和亲友故意将自杀或暴病死亡说成是他杀，借以诬陷他人等。

2. 判断作案时间（判断依据由教师提供或者在模拟杀人现场上学生自己搜集），主要做法是：一是根据尸冷、尸斑、尸僵和腐败等尸体现象的发生和变化规律来推断；二是根据胃内容物的消化程度来推断；三是根据现场和尸体上遗留血迹、精斑、粪便、尿液等物质的干湿程度，结合发案前后的气候变化情况来判断死亡时间；四是根据蝇蛆的产生和变化情况来判断；五是根据室内生活用品的使用和陈设状况来推断；六是根据现场上能够表明时间的物品来推断；七是根据死者家属、邻居和现场周围群众最后一次见到死者或听到从现场处发出呼叫声的时间来推断。

3. 判断杀人的方法和凶器。杀人的方法和凶器，主要是指行凶杀人时所采用的手段、工具和作案过程，同时还包括凶犯对杀人地点和时机的选择，进出杀人地点的方法，以及凶犯与被害人当时所处的位置、距离和相互关系等。分析实验前，教师应该提供以下案件材料：尸体的姿态，损伤的部位、性状、数量大小、深浅及严重程度；现场血迹、脚印、交通工具痕道以及其他痕迹、物品的分布情况。

4. 判断凶犯与被害者之间的关系，主要是研究凶犯是否熟人，与被害人之间是否具有奸情、私仇及其他特殊关系。据此，可以确定侦查方向和范围。分析实验前，教师应该提供以下材料：尸体现场所在的位置、尸体的姿势、伤痕的性状、血迹的分布，以及与案件有关的各种物体、痕迹的陈设和遗留情况等。

5. 判断杀人的动机。杀人的动机是指凶犯实施杀人行为的内心起因，通过现场勘验和尸体检验就可以对杀人的动机作出初步的判断。分析实验前，教师应该提供以下材料（或者在模拟杀人现场上学生自己搜集）：现场是否有被盗窃、被抢劫的现象；被害人是女性的，应说明是否有被奸迹象，是否怀孕；尸体所在地点，躺卧姿势，致死

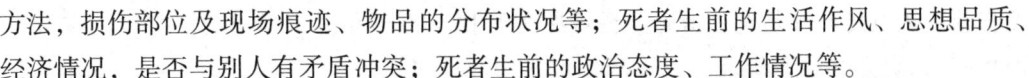

方法，损伤部位及现场痕迹、物品的分布状况等；死者生前的生活作风、思想品质、经济情况，是否与别人有矛盾冲突；死者生前的政治态度、工作情况等。

6. 推断凶犯的人数。分析实验前，教师应该提供以下案件材料：杀人的手段、尸体上有几种凶器所造成的伤痕；移尸的路线、距离；现场上遗留痕迹、物证的数量和种类；被抢、被盗财物的数量、体积、重量等。

四、侦查方法

杀人案件常用的侦查方法，主要有以下几种：

1. 调查摸底。实验任务是搜集侦查线索和查证线索，排查犯罪嫌疑人有无杀人动机，有没有作案时间，是否持有凶器和其他现场遗留物，身上是否带有伤痕、血迹和其他物证，有无反常行动等。分析的依据和材料，可以由实验教师直接提供，也可以进行现场访问实验，由学生自己收集。例如：嫌疑人的政治态度、思想品质、生活作风、家庭经济情况及其与被害人之间的关系；在发案的当时，嫌疑人在什么地方，干什么事情，何人证明；嫌疑人家中或单位有无此类工具和物品，以及嫌疑人有无获取此类工具和物品的条件；头发、指甲缝里及衣着上是否留有血迹、毛发、泥土等材料。

2. 搜集证据，证实犯罪。全面获取证据，尤其是查获杀人凶器，这是保证破案质量的关键。为了全面获取证据，学生必须从每个案件的具体情况出发，正确选择运用各种侦查措施和手段。

3. 查缉犯罪分子。可由教师设计布置缉捕实验场所，学生分成侦查人员、犯罪嫌疑人两种角色，采取以下方法进行：对于已发现的凶犯和重大犯罪嫌疑分子，应立即采取有关措施严加控制，防止其毁灭罪证、行凶、逃跑和自杀，确保侦查工作顺利进行；经过侦查，如果犯罪事实已经查清，并有足够证据证明嫌疑人即是杀人凶犯时，即应依法采取各种侦缉措施，及时将犯罪分子拘捕归案。

实验注意事项

1. 服从命令，听从指挥。实验小组成员要服从组长安排，组长服从指导教师的安排，有事应及时向指导老师电话报告。任务完成后，组长及时向指导教师汇报。

2. 严肃认真，假戏真做。学生应将实验作为一次演习，认真对待，不准无故请假、旷课。人人自觉参与，充分发挥自己的主观能动性，对现场情况要灵活机智处置。

3. 实验必须在教师的组织下进行，学生以小组为单位进入实验现场。分配角色的学生必须明确自己角色的性质和要求。

实验案例

1993 年 12 月 2 日 14：00，某市某区双桥管庄牛奶厂两名职工发现饲养房后的稻草堆边有一具女尸，便迅速报告了市公安局。市公安局刑警大队在接到报案以后，立即派出侦查人员赶赴现场进行勘查。现场勘查于 15：00 开始。

一、现场勘查的情况

现场位于某市至某县公路南侧 50 米处，南面紧邻管庄牛奶厂饲养房，北面是猪圈，西面是一条土路，路边有一个厕所，东面是菜地。

尸体位于稻草堆边，头东脚西向右侧卧，尸体上覆盖有稻草。头部周围的地面上有大量的血迹。脚端西侧 45 厘米处地面上有 90 厘米×60 厘米的血泊，靠近血泊的饲养房墙上有喷溅及擦拭状血迹，稻草边上有一块带血的砖头。血泊至尸体处地面上有拖拉痕迹。发现尸体后，因群众围观，现场已部分被破坏，现场上未发现其他痕迹。

死者系女性，40 岁左右，身高 1.61 米，面部皮肤黝黑，手掌皮肤较细，无老茧。左手腕部有相似戴手表的印痕，脖子上围一条蓝色的毛线方围巾，上身穿灰色的呢外衣，前襟沾有血迹和泥土，内套花布面、蓝土布里的中式棉袄和蓝色秋衣，下穿灰色的呢长裤，裤子的左侧有兜，裤兜向外翻出，沾有血迹和泥土，内套黑色灯芯绒裤、紫绒裤、蓝秋裤和花布内裤。牛皮腰带已解开，裤子脱至臀下，阴道内无精液。死者脚穿黄色翻毛高腰皮鞋、绿色棉袜。外衣口袋内有人民币 1 角的纸币 1 张，某市 5 角的公共汽车票 1 张，号码是 95076，某市 5 角的电车票 2 张，号码是 23044、66482，某市 1 元的电车票 1 张，号码是 47897。死者棉袄小襟上较隐蔽的口袋内有人民币 580 元，票面额 10 元的 46 张、5 元的 24 张，有的票面上有钢笔写的阿拉伯字码。

尸斑位于尸体的右下侧，手指按压不褪色，尸僵已经开始缓解，尸体的头部和面部有大量的血迹，右颞部有两处挫裂伤，创口分别为 5 厘米×4 厘米和 3.3 厘米×3 厘米。右眉弓、右颧部各有一处挫裂伤，创口的大小分别为 1.5 厘米×0.4 厘米和 1.5 厘米×1.5 厘米。损伤创缘不整齐，创角钝，创腔有组织间桥，创口内附有少量的碎砖渣。创口周围表皮脱落，有瘀血。右耳道内有流出的血迹，两眼睑结合膜有出血点。口腔内塞有一条黄、蓝、浅红三种颜色的方格毛巾（手绢），口腔粘膜有点片状破损及出血，颈部甲状软骨上方有 3.5 厘米×3 厘米的表皮剥脱，该伤下侧有一 0.5 厘米的半月形伤痕，解剖可见伤痕部位皮下广泛出血，右颞骨粉碎性塌陷骨折，额骨骨折，脑膜出血。

经化验，死者的血迹和砖头上的血迹都是"·"型。毛巾手绢上除检验出"O"型血外，还检验出"B"型血的分泌物。

胃内容物 20 毫升，经检验，胃内容物系面食和芝麻，据消化程度判断，约在进食后 4 小时左右被害。经查，现场附近，既没有百货商场，也没有食品店，未销售过带芝麻的食品。

现场勘查时拍摄了现场照片、绘制了现场图，制作了现场勘查笔录。勘查结束时，提取了人民币、车票、毛巾手绢、带血的砖头、死者的衣服、胃内容物和血迹，并将尸体送医院低温保存。

二、现场访问的情况

1. 据报案的职工称：12 月 2 日 13∶30 上班后，他们去饲养房后找木材生火，见草堆边有一个死人，便跑回去告诉了厂里的其他人，有些人就去现场看，他就去厂办公室打电话报案。

2. 据养猪厂的两名职工反映：12 月 1 日上午 7∶00 左右，她们去草堆拉草，见几根稻草上有血迹，她们以为是狗咬死了什么东西，没有注意。另一名养猪厂的职工说：11 月 30 日晚饭前他去拉过稻草，未发现有血迹。

3. 据牛奶厂的职工反映：某市至某县的公路上有 342 公共汽车的车站，距现场约250 米。牛奶厂饲养房西边的土路主要是牛奶厂职工从这里经过，外来的行人很少。经对现场周围的人员访问，近两三天内在现场周围未发现其他可疑的人和事，夜间也未听到异常声音。

项目二　抢劫案件的侦查实验

实验目的和要求

通过实验，使学生掌握抢劫案件侦查的基本思路，能够根据案件的相关条件准确确定抢劫案件的性质、发案时间、作案人数、个体特征、作案工具、作案过程，刻画犯罪嫌疑人的基本条件，确定侦查方向和范围，选择适当的侦查途径，采取相应的紧急措施。

实验课时安排

4 课时。

实验场所安排

刑事侦查技术实训中心、本班教室、校园空地等。

实验的准备

1. 多媒体教室（或幻灯机、投影屏幕、投影机等）。
2. 抢劫案件侦查照片、音像资料。
3. 各种痕迹物证，如作案工具、凶器、绳索等。
4. 照相机，胶卷。
5. 警用器械，手铐、枪支等。
6. 有关侦查文书表格、公函纸、钢笔、印泥等。

7. 文字材料：①抢劫案例；②法律法规主要包括：《刑事诉讼法》《公安机关办理刑事案件程序规定》。

实验内容和方式

一、及时勘验现场，详细询问受害人

1. 对受害人的询问。一是被抢的经过。受害人是何时、何地、在何种情况下被抢的，犯罪嫌疑人实施抢劫的手段方法，使用了何种工具或凶器，行抢过程中犯罪嫌疑人先干什么、后干什么，有无搏斗过程等。二是犯罪嫌疑人的人数和人身形象。几个人作案，各自的人身形象和个人特点。三是被抢财物的情况。包括被抢财物的种类、数量、特征，犯罪嫌疑人是否指名索要某种财物，是否直奔财物的存放地点等。四是受害人本身的情况。包括受害人的基本情况，生活规律，经济收入和社会交往情况，受害人怀疑谁作案，根据是什么。若受害人是女性，要注意弄清犯罪嫌疑人的犯罪动机，有无猥亵和强奸的行为。

2. 对行抢地点进行勘验。着重查明和发现现场的出入口，有无搏斗痕迹，有无犯罪嫌疑人的脚印，有无犯罪嫌疑人遗留的凶器和其他物品。对发现的痕迹物品要注意提取。

3. 对现场外围的搜索。对犯罪嫌疑人来去现场的道路和附近的隐蔽处所进行搜索，发现有关的痕迹物证，为侦查工作提供线索和证据。

4. 对知情人的访问。

二、全面分析判断案情，确定侦查方向和范围

1. 判断事件性质。

2. 刻画犯罪嫌疑人条件。

（1）犯罪嫌疑人是本地人还是外地人。一般说来，本地人熟悉现场环境，本地打扮，本地口音，运用自行车等交通工具作案，逃跑的路线选择比较有利等；外地人对现场环境不够熟悉，外地打扮，外地口音，多选择在交通沿线作案等。

（2）犯罪嫌疑人与受害人是否熟悉。若犯罪嫌疑人与受害人熟悉，则对受害人的家庭成员、经济状况、生活规律等有所了解，在作案过程中指名索要某种贵重物品，或蒙面、化装抢劫，或故意改变音调等。

（3）犯罪嫌疑人是否惯犯。抢劫惯犯作案时有一定的经验，作案时比较老练沉着，不慌张，胆大妄为，心狠手辣，选择贵重物品，尽量不留痕迹。

（4）对犯罪嫌疑人体貌特征的推断。如果由于环境昏暗、受害人紧张等原因，而不能准确提供犯罪嫌疑人的人身形象特征时，应结合现场痕迹物品，进一步询问知情人，来判断犯罪嫌疑人的体貌特征。

（5）判断犯罪嫌疑人的职业、身份。注意以下情况：犯罪嫌疑人的言谈是否暴露某种行业的行话，表现出对某种职业的情况比较了解；所使用的工具是否有职业特点等。

3. 对犯罪嫌疑人处理赃款赃物的初步判断。

4. 确定侦查方向范围。通过全面的分析判断，特别是在刻画的犯罪嫌疑人条件的基础上，针对案件特点，有根据地确定一定的区域范围、职业范围和嫌疑人范围，在此范围内开展侦查工作。

三、针对个案特点，采取侦查措施

1. 针对情况，迅速采取紧急措施。通过勘查访问认为犯罪嫌疑人未及远逃，有条件进行追缉、堵截的，要及时部署；另外，要及时与巡警部门联系，发出嫌疑对象的资料情况，以利盘查。

2. 公布案情，摸底排队。对于本地人作案的，应依靠单位、基层保卫组织进行排查，同时在一定范围内公布案情，发动群众揭发；对于熟人作案的，要注意从受害人的社会关系中排查，既要注意直接的关系，更要注意间接的关系；对于惯犯、流窜作案的排查，可深入劳改、劳教场所进行调查，可以通过刑事犯罪情报资料排查，可以利用特情排查，可以加强对在押犯的审查以发现本案的线索等。

3. 控制销赃。抢劫案中大多有赃款赃物可查，侦查中要自始至终地注意通过对赃物的调查控制来发现和揭露犯罪嫌疑人。犯罪嫌疑人抢劫的财物，一般都会先隐蔽起来，待侦查风声过后再取出挥霍，或偿还赌债、购置高档商品，或留作自用、低价抛售等，因此要详细询问被害人，提供被抢劫财物的名称、数量、暗记、规格、尺寸等特征，对可能销赃的特种行业、公共娱乐和复杂场所进行监控，同时可发布协查通报，请求友邻公安机关协助调查。

4. 寻找辨认。侦查抢劫案件时，侦查人员可以利用受害人对犯罪嫌疑人的体貌特征有较深的印象的有利条件，带领被害人到犯罪嫌疑人可能出现的场所、路线进行寻找辨认。在采取这种措施时应注意做好化装，并要绝对保障受害人的安全。

5. 并案侦查。抢劫案件的惯犯、流窜犯，在作案的时间、地点、使用工具等作案方式方法上具有习惯性并可在短期内连续作案。因此，侦查中要加强各级各地公安机关的纵向和横向联系，对于一个时期或几个地区连续发生的抢劫手段类似的案件，应并案侦查，以侦破一案、带动其他案件的侦破，同时还应深入附近的监狱、劳教场所，了解发案前是否有相类似的体貌特征与作案手段的犯罪嫌疑人脱逃，从中发现犯罪嫌疑人。

6. 组织巡查守候，提拿现行犯。对于那些案件多发区，连续发案地段和犯罪嫌疑人易于活动的交通要道，公共复杂场所等，侦查部门应组织力量守候监控，在犯罪嫌疑人可能再次作案时，相机捉拿犯罪嫌疑人。采用这种措施时要精心设计，持之以恒，守候范围不要太小，应注意方法，对出现的可疑人员据情进行盘问以发现情况。

7. 侦审结合，扩大战果。由于抢劫犯多系惯犯，所以，侦查部门对已抓获的抢劫犯审讯时不能就案论案，应组织专门力量审讯，根据其作案特点，结合未破的抢劫案件和其他案件进行认真追问，深挖余罪、扩大战果。对犯罪嫌疑人供述的同伙和重要线索，要及时予以查证。对于流窜犯，在审讯的同时要将其体貌特征、作案手段、赃物等情况通报其他有关地区的侦查部门，为破获其他地区的积案创造条件。

实验注意事项

1. 播放抢劫案件勘验、调查阶段的录像、视听资料，要求学生将勘验、调查情况作适当记录，确定该案的案件性质、案犯条件、侦查范围、寻找犯罪嫌疑人的侦查措施或采取的紧急措施。教师根据学生的判断情况作适当讲解或组织学生讨论。之后将该案的勘验、调查后的部分播放完，让学生将自己的判断情况与实案中的做法进行比较，提高学生的判断决策水平。

2. 将案例材料提供给学生，要求学生根据案例材料中的勘验、调查情况，递进式地判断该案的基本情况，并进行综合分析。指导教师根据学生的判断情况作出点评。

实验案例

"3·17" 系列抢劫案

200×年3月17日下午3时许，某市公安局西湖分局刑侦大队接到市局110指挥中心电话，称6名外地打工的年轻姑娘被一伙歹徒绑架至带子巷23号3单元403室，蒙面抢走现金、存款、港币、手机及金项链、戒指、耳环等，共价值10万余元。案情就是命令，西湖分局刑侦大队值班的副大队长接到报案后立即带领二、三中队、技术科和瓦子角派出所民警共30多人火速赶到现场。报案者是一位穿着入时、自称某市某豪华歌舞城"妈咪"的A小姐，她说，3月16日下午3时，一个男子约她1小时后在象山南路昌荣大酒店见面，给她买一部高档手机。她按时赴约，见面后，该男子借故回家换鞋，将其骗至带子巷23号3单元403室其出租房内，未等她站稳脚跟，黑暗中第二名男子用黄色塑料胶带将她的眼睛蒙住、嘴巴封住、手脚捆住后按倒在地，将她随身现金2000余元、金项链、金戒指、存折等悉数抢走，并从银行取走了存折上仅有的8000多元钱。据A小姐说，她是刚刚被房东发现，为其解脱后，才向110报警的。当时房内还有四五个小姐也同样遭受了这伙魔鬼的毒手。

问题：根据上述材料，对本案进行初步分析。现场访问应注意哪些重点？

这是一套光线较暗的三室一厅住房，房内除了一张床、一台电视机及地上散落的几条黄塑料胶带和一些凌乱的尼龙绳外，别无他物。办案人员除在现场一可乐瓶上获取一指纹外，未得到其他任何有价值的线索。为了获取线索，民警们展开了调查访问。据房东唐某回忆，3 月 15 日一名持福建省政和县陈源乡西头村"陈妙满"身份证的 30 多岁男子，以每月 700 元的租金租了这套住房，随后此房住进了几名操江浙口音的男子。1 小时前，"陈妙满"打来电话说房门锁不上，请求帮助收拾一下房间。房东进房收拾，发现了几名受害小姐。经查，给房东打电话的是一号码为 139×××××××的手机，而该手机是歹徒用广东省深圳市布吉镇一名叫"陈绍强"的假身份证登记购买的。

问题：下一步应采取哪些措施、解决哪些问题？

"陈妙满"是否真有其人？身份证会不会有假？其他受害人去了何处？歹徒逃往何方？一连串的疑问摆在侦查人员面前。一组人马立即前往寻找被害小姐。20 多名侦查人员在市内十家大型歌舞娱乐场所调查访问。3 月 18 日，另 5 名小姐分别从市内 3 个大型娱乐场所找到。由于她们碍于面子、害怕警方查处，故躲躲闪闪，不愿积极配合。但据其中三名受害小姐反映，14 日晚，一疑犯多次和她们联系过。据此线索，从电信局公话科查得几个电话均从丰城市的号码为"0795-64×××××"电话打出。当日，一组刑警赶到丰城。在有关部门的协助下，迅速查出"64×××25"是丰城市政府大门口旁IC 卡公用电话的号码。因为每天用 IC 卡从此打出的电话数以千计，线索暂时中断。与此同时，第三组侦查人员调查得知：近半年多以来，已有福州、福清、泉州、厦门、温州、杭州、义乌、珠海等地警方前来查寻"陈妙满"，都是请求协查抢劫陪侍小姐财物案件的协查通报，且七八起案件作案如出一辙。陈妙满真有其人，不过他是个老实巴交的农民，其身份证早已报失，且在两年前就已登报声明作废。

问题：应如何将侦查推向深入？

200×年 3 月 18 日深夜，专案组重新研究案情。

如此抢劫大案，侵害目标特定，又是流窜的团伙作案，这在某市还从未发生过。就在西湖分局刑侦大队"3·16"专案组的各路人马昼夜不停地紧张作战追查犯罪嫌疑人的关键时刻，某市公安局领导听取了"3·16"案情汇报后，连夜赶到西湖分局，与专案组一起分析案情，指挥破案。同时，刑侦支队派出一队侦查人员来到西湖分局刑侦大队，加盟"3·16"专案组。根据被害小姐反映的情况，侦查人员于 3 月 19 日下午在电信局调出被害小姐手机的通话单，得知犯罪嫌疑人于案发前在南昌宾馆附近的公用电话亭用 IC 卡与她们多次通过话，再经电信局公话科对歹徒所持 IC 卡进行解剖，调出话单进行分析，又获得了这伙歹徒中有人还与南昌青云谱冶金汽车修理厂和上饶市的电话有联系，他们作案前约被害小姐的电话清晰可辨。当日下午 6 时，一组刑警赶到南昌冶金汽车修理厂，秘密传唤了该厂副厂长王某，据王某回忆近来其堂弟王某礼与他通过电话，并开了辆白色尼桑的士头汽车来厂修理，该车 3 月 10 日进厂，16 日修好开走。王某礼家住上饶铅山县杨林乡。

3 月 13 日，王某礼还同另一"上饶"人来厂催促修车事宜。

事不宜迟，另一组侦查人员带着被害人立马驱车至上饶。在当地警方的协助下，获知：王某礼于 1995 年 12 月 29 日因在老家被黄某等人敲诈，随即用来复枪将黄某打死。1999 年 8 月又伙同余某平在上饶市盗得桑塔纳轿车 1 辆。同时查悉与王某礼一道去南昌冶金汽车修理厂的"上饶"人即是余某平，该人家住上饶市胜利路 28 号 2 栋 3 单元 501 室。3 月 20 日凌晨 4 时，刑警突降余家。一见到余妻熊某华，被害小姐就发现熊手上的那枚价值 1 万余元的钻戒就是她 3 月 16 日被歹徒抢走的赃物。侦查人员当即依法传讯了熊某华。据熊交待，余某平于 3 月 18 日回了趟家，给了她 3000 元钱及部分赃物，余在家待了两个小时又匆匆离家了，可能随其他同案犯罪嫌疑人一起逃往广东、深圳等地。为争取时间，尽快抓获犯罪嫌疑人，赴上饶侦查人员及时将 4 条重要信息电话告知某市公安局，为专案指挥部决策派员南下广东争得了宝贵的时间：①首要疑犯王某礼，极有可能藏匿在距深圳 30 公里的某机械修配厂；②余某平、王某礼之间的具体联系方式；③这伙歹徒所用的白色尼桑的士头牌照为黑牌，号码为粤 C/04654；④另外几名同案疑犯的外号分别叫"小张""老五"和"哑巴仔"等。同时，留下几名刑警在余某平家全天候监控其住宅电话，一有情况及时报告，为南下追捕组提供所需信息，直到余落网后撤出。熊某华明知其丈夫余某平伙同他人屡屡抢劫作案，还积极包庇犯罪、窝藏赃物。被某市刑警带回刑拘。

3 月 20 日凌晨 5 时，上饶的 4 条线索通过电波迅速传到了南昌，专案组当即组成追捕组，于 3 月 20 日中午飞抵广州。为争取时间，追捕组在途中一面请求广州警方接机后又请求深圳警方协助；一面制定追捕方案。到了广州，广州警方以极快的速度赶到机场，接到南昌刑警后，一路风驰电掣，直达深圳。当得知主要疑犯在宝安区的石岩镇出现时，追捕组直奔石岩镇。到达石岩镇时，疑犯的落脚点却很难找到。时间紧迫，早一分钟查清疑犯的行踪，多一份胜利的把握。追捕组要求整个缉捕行动必须秘密、稳妥，尤其是在人生地不熟的外地行动，考虑到缉捕行动如有丝毫的失误，众多的缉捕对象将在顷刻间作鸟兽散。别说是一网打尽，恐怕连一个都难以"捞"得到。于是追捕组迅速调整行动方案，决定"以车找人"，组成几个小组分头行动。事实证明，这一招在追捕疑犯、一网打尽的实践中起到了至关重要的作用。简短的碰头会，对外地抓捕的各种复杂情况均作了充分预测和周密应对。很快，一小组就在石岩镇的上屋村发现有一辆挂着粤 C/04654 牌照的尼桑的士头车停在修配厂内。傍晚 6 时许，两男子趁着暮色，匆匆将车开走。追捕小组悄悄驱车尾随，当跟踪约 3 公里时见此两人下车，拐入小巷；两个多小时后，另两男子将车开出。一小组又尾随跟踪，当目标走到进出该村必经之地的上屋派出所门口时，在此堵截的另一小组与跟踪而至的小组，连人带车将其截获。审讯后得知，其中一男子正是"3·16"大案的首要疑犯王某礼。首战告捷。南下追捕组采取化整为零，逐个"引君入瓮"的方式，将疑犯余某平、同案疑犯伊某龙（外号"哑巴仔"）、张某田（外号"小张"）一一抓获。鉴于南下追捕组要在短时间内将众多疑犯一网打尽，面临着人少任务重、人生地不熟等诸多困难，从上饶回南昌的侦查小组立即驱车前往广东增援，与先期抵达的追捕组会合在深圳罗湖公安分局。经做工作，王某礼愿意立功赎罪，协助缉拿外号"老五"的同案疑犯徐某平。3月21日下午1时许，一男子在京鹏大厦门口，见到迎面驶来的粤C/04654车时，掉头就跑。这一情况未能躲过神探们猎鹰般的慧眼。王某礼证实此人就是徐某平时，侦查人员立即动手，将徐某平擒获。接下来，一组侦查人员留守深圳搜查、审讯5名落网疑犯。另一组则马不停蹄地奔赴珠海市、中山市，捉拿疑犯余某。3月23日凌晨4时，还在做着美梦的余某在中山市出租房内束手就擒。至此，6名疑犯全部落网。另外，曾在上饶市交通肇事撞人致死的逃犯余某鹏亦一起"栽"在某市刑警手里。

问题：工作至此，本案可否告破？

经审，疑犯王某礼交代，自1995年杀人后，他一直躲藏于其兄开办的机械修配厂里打工。期间，经常溜进一些歌舞场所，以消磨难挨的时光。逐渐地，王某礼和一些陪侍小姐混得烂熟，并了解到这些陪侍小姐的钱来得容易，她们随身佩戴各种高档金首饰，一身珠光宝气，经常随身携带不少现金、存折，很有油水。1999年7月的一天，王某礼突然萌发抢劫陪侍小姐的念头。于是他纠集在深圳打工的老乡徐某平、余某平、伊某龙、张某田等4人，抓住陪侍小姐收入不正当，即使被抢，也不会报案的心理，用一些小利让陪侍女上钩，然后实施抢劫。同年8月，他还伙同余某平在上饶市盗得桑塔纳轿车1辆，用以逃逸和继续作案。

这年7月底，王某礼等人带了几万元"成本"来到福州市开始了第一次"演习"。说来也巧，在某饭店住宿时，王某礼拾得一张"陈妙满"的身份证，遂以"陈妙满"的名字租好一间住房后，5人以"款爷"派头进出豪华歌舞场所，动辄用港币、美元几百几百地支付小姐小费，还不断地给小姐买高档服装、手机，请小姐吃饭等，以博得小姐们的欢心。在卖足"款爷"风头和要尽甜言蜜语后，4名陪侍小姐先后陪这5名歹徒来到事先租好的出租房内。刚进房门的小姐就被蒙住双眼，随身值钱物品被洗劫一空。初次作案，王某礼5人劫得4部手机，一些金首饰和7万多元现金。从此，他们走上一条不归路。随后5人打一枪换一个地方，在福建、浙江等省的城市间流窜作案，劫得款项最大的一次是1999年10月29日，王某礼等5人在浙江省温州市鹿城区马鞍池，将4名陪侍小姐骗至出租房，采取同样作案手段，抢走小姐金首饰后，还取走一名"妈咪"在银行的存款30余万元。屡屡得手，使得王某礼等人一时暴富。2000年2月底的一天，远在珠海市打工的余某来到深圳市找老乡办事时，看到阔绰的王某礼等人羡慕不已。在得知王某礼一伙的奥秘后，便提出入伙。于是这6人又在珠海市第8次作案，抢得5名陪侍女的现金10万余元。

200×年3月9日，王某礼等6人开车来到某市，表演了最后一次疯狂。到某市后，他们立即分头物色作案对象。经过几天与6名陪侍女的厮混，包括A小姐在内的6名红尘女子深信自己钓上了"金龟婿"。3月16日，见时机成熟，王某礼以"陈妙满"的名义在西湖区带子巷租下了一套三室一厅住房。次日，王某礼等6人陆续以买金首饰、吃饭、买衣服、打麻将、买手机等为借口，逐个将6名陪侍小姐骗至出租房内实施抢劫，抢得价值 10 万余元的现金和一批首饰。临走时还强奸了一名陪侍女。至此，王某礼一伙在短短的 8 个月中，流窜 4 省 9 大都市，疯狂绑架抢劫陪侍小姐 45 人，涉案金额 100 余万元。

项目三　盗窃案件的侦查实验

实验目的和要求

通过实验，使学生掌握盗窃案件侦查的基本思路，能够根据案件的相关条件准确确定盗窃案件的发案时间、作案人数、个体特征、作案工具、作案过程等情况，在此基础上确定盗窃案件的性质，刻画盗窃案犯的基本条件，确定侦查方向范围，选择适当的侦查途径。

实验课时安排

4 课时。

实验场所安排

刑事侦查技术实训中心、本班教室等。

实验的准备

1. 多媒体教室（或幻灯机、投影屏幕、投影机等）。

2. 盗窃案件侦查照片、音像资料。

3. 各种痕迹物证，如作案工具、凶器、绳索等。

4. 照相机，胶卷。

5. 警用器械，手铐、枪支等。

6. 有关侦查文书表格、公函纸、钢笔、印泥等。

7. 文字材料：①盗窃案例；②法律法规主要包括：《刑事诉讼法》《公安机关办理刑事案件程序规定》。

实验内容和方式

学生对盗窃案件的材料或视频资料进行分析研究，找出案件本质性的信息进行归类、总结，得出分析结论，进而指出侦破的具体方法。

根据盗窃案件的基本特点，侦破的基本方法是：

一、详细询问有关人员，认真进行现场勘验

1. 询问有关人员，了解案件的有关情况：①被盗财物的情况及经过。②现场的有关情况。③当事人等的活动规律。④发案前后的疑人疑事。

2. 认真勘验盗窃案件现场。认真勘验盗窃案件现场，是发现提取与犯罪有关的痕迹物品，获取侦查线索、证据的主要途径，对侦查破案工作具有至关重要的作用。在勘验时，应抓住以下重点进行：①对现场出入口的勘验。②对现场中心部位的勘验。③对现场周围环境的搜索。

二、针对具体情况迅速采取紧急措施

在现场勘验和访问掌握的被盗物品的名称数量、价值、特征等的基础上，针对具体情况，迅速采取紧急措施，做到边勘验、边访问、边采取措施，努力控制势态向良性发展。

三、全面分析案情，制订侦查计划

1. 分析举报事件的性质。

2. 分析判断盗窃案件的基本情况。分析盗窃案件的性质，作案时间、地点，作案的工具、手段，作案过程，犯罪嫌疑人人数以及犯罪嫌疑人条件等。

盗窃案件的性质是指在确定盗窃事实存在的基础上，进一步判断发生在单位内部的案件是内盗还是外盗，是内外勾结还是监守自盗。这主要通过对作案时机选择是否恰当、盗窃目标是否准确、采用的作案工具手段、进出现场的方法、熟悉现场的程度以及遗留的痕迹物品等情况进行判断。

作案时间，包括侵入现场的时间，作案持续的时间，发现被盗的时间，以及有无窥视、守候、伺机作案的时间等。这主要根据当事人的陈述，现场附近听到的可疑声响，看到可疑人物的时间，现场痕迹的新旧程度，结合现场破坏痕迹、物体变动状态等进行分析。

作案的工具、手段，是指犯罪嫌疑人进行盗窃活动时所使用的工具，工具的来源以及犯罪嫌疑人侵入现场、实施盗窃、逃离现场、运输赃物的方法等。这主要通过痕迹的形态特征、出入口的状态和破损情况、财物存放处的具体特征、损失财物的数量、质量、体积、形状等进行判断。

作案地点主要将盗窃案件分为入室盗窃和室外盗窃案。

作案过程的分析，实际上是从认识上对盗窃犯罪事实的再现，包括从作案前在现场周围潜伏、守候到侵入现场、排除障碍物接触侵害目标再到逃离现场的全过程，主要根据现场环境、建筑结构、破坏状况、痕迹形态遗留分布等情况进行分析。

犯罪嫌疑人人数及犯罪嫌疑人条件，主要依据现场的手印、足迹、被盗财物的数

量、重量、体积形状、盗窃部位障碍物的高低、现场工具痕迹和遗留物所反映出来的特长、技能、嗜好和生活水平，以及作案目标和出入口的选择等情况，有根据地分析是几个人作案，犯罪嫌疑人应具备的主观条件和客观条件，以及犯罪嫌疑人的人身形象、职业特点、生活习惯、是否惯犯等，为确定调查摸底提供依据和条件。

3. 制订初步的侦查计划，部署侦查。

四、综合运用侦查措施，深入开展侦查

1. 寻迹追踪。
2. 摸底排队。
3. 控制销赃。
4. 调查物证。
5. 秘密巡查，伏击守候。
6. 查对犯罪情报资料，组织并案侦查。
7. 开展清查。

五、审查证据，破获盗窃案

对于发现的嫌疑人，要注意根据作案时间、作案因素和证据材料等条件，确定重点对象；对于确定的重点对象要结合证据从正反两方面进行查证；同时对于所收集的各种证据材料，通过辨认、鉴定等方法进行反复核实、查证。掌握时机，依法传讯重点对象，通过讯问，突破全案。

实验注意事项

1. 播放盗窃案件勘验、调查阶段的录像、视听资料，要求学生将勘验、调查情况作适当记录，确定该案的案件性质、案犯条件、侦查范围、寻找犯罪嫌疑人的侦查措施或采取的紧急措施。教师根据学生的判断情况作适当讲解或组织学生讨论。之后将该案的勘验、调查后的部分播放完，让学生将自己的判断情况与实案中的做法进行比较，提高学生的判断决策水平。

2. 将案例材料提供给学生，要求学生根据案例材料中的勘验、调查情况，递进式地判断该案的基本情况，并进行综合分析。指导教师根据学生的判断情况，组织讨论或讲解。

毓秀大厦盗窃案

一、简要案情

200×年6月25日12时许，北京市公安局东城分局刑侦支队接值班室通知：某大街200号毓秀大厦一层金大福珠宝专柜被盗。侦查人员接此通知后，立即赶赴现场开展工作。

经现场调查，据金大福珠宝专柜领班马某（女，40岁，住安定门外西河沿×××号，电话133××××2098）讲：其专柜共有3名服务员，6月24日其与专柜售货员安某（女，37岁，住东城区交道口黑芝麻胡同××号）当班，早9时上班至晚22时下班，下班前未按规定将珠宝入库，而存放在柜台的玻璃展示层内，后将柜台锁好并用报纸遮盖，22时05分二人下班离开毓秀大厦。6月25日早8时45分许，马某在家接到当班专柜销售员王某（女，31岁，住石景山区古城南路45栋××号）的电话，发现金大福珠宝专柜的部分珠宝首饰丢失，其即赶回毓秀大厦查找，未找到，报毓秀大厦保卫部。9时许，大厦保安员在大厦地下B1层男更衣室的更衣柜顶上，找到了7个金大福丢失的用于码放珠宝的托盘，感到珠宝已被盗，后由大厦保卫部向公安机关报警。

二、现场勘验、检查

金大福珠宝专柜位于毓秀大厦一层。专柜由数个柜台组成椭圆形，专柜东南角和西南角各有一出口。柜台分上下两层，上为玻璃展示层，下为木质拉门式柜，上下分别用锁锁好，柜台的玻璃展示层由东南角顺时针数共8个；木柜由东南角顺时针数共12个。所盗的7盘首饰放在3号玻璃展示层内，且3号展示层门锁完好，未被撬过，系用钥匙打开的。3号展示层的钥匙和所有展示层及木柜的钥匙，锁在5号木柜内，锁5号木柜的钥匙放在2号木柜内，2号木柜平时不锁，2号木柜内锁5号木柜的钥匙还在。5号木柜的门锁被一字改锥撬开（有撬痕），柜内上层玻璃展示层及下层木质柜均丢失一串钥匙。经查找，至今未发现这两串钥匙。同时，在毓秀大厦地下B1层滚梯右侧，标有"安全出口"指示灯箱旁的男更衣室内，进门口处的更衣柜顶上，发现7个用于码放珠宝的托盘。经金大福的员工辨认，系金大福丢失的用于码放珠宝的托盘。被盗物品清单：59枚18K金戒指，50枚镶翡翠的18K金戒指，120枚镶红、蓝宝石的18K金戒指，22条18K白金项链，3条镶红、蓝宝石的18K金链牌，25对18K金耳钉，共计279件，放在7个白色托盘中，总价值64 704元。鉴于该案被盗物品价值较大，分局和支队领导对此案非常重视，针对此案组成专案组，立即开展工作。

问题1：现场访问应当关注哪些问题？

三、现场访问

毓秀大厦位于王府井大街西口 200 号，六层以下为零售，七层系博物馆，大厦一层是黄金珠宝首饰专卖层。进入大厦共有 4 个出入口，分别为南、北、西和通往地下 B1 层的滚梯门。晚 21 时关闭北门和滚梯门，开始从六层往下清场，职工、顾客从南、西两门出场，22 时 30 分左右清场完毕，关闭南门和西门，早 9 时开 4 个门营业。

B1 层为"丰衣足食美食"公司承包经营的美食街，有 4 个出入口，其中北门和滚梯卷帘门晚 21 时关闭，南门和西门地下与地上一层相通处，通往一层的卷帘门关闭，并在门外配有保安值班，晚间清场后一层以上商场内是封闭的。从 B1 到一层商场只能走滚动电梯，且滚动电梯是晚 21 时定点关闭的。经询问 B1 夜间值班员林某（男，55 岁，住东城区海运仓 18 楼 1 门×××室，电话 8407××××）讲，进入夏季后，由于天气闷热，待人员走完后将南门封闭，滚梯的卷帘门抬开约 60 厘米高，用于通风。案发当日凌晨 2 时 30 分后，林某将卷帘门抬开约 60 厘米的高度。

一层防盗系统：夜间一至六层商场内配有监控设施及红外线防盗报警系统，监控室有两名值班员。商场清场后启动防盗报警设施，保安人员在一层门外值班，没通知不得入场。按规定，夜间应由监控值班员与保安代班员在商场内巡视三次，分别为晚 23 时许至 24 时许、凌晨 3 时许至 3 时 30 分、早 6 时许至 6 时 30 分。案发当日，据监控室值班人员周某信、朱某元二人讲，当晚 23 时至 24 时许，二人与保安代班员吴某自大厦六层至一层逐层巡视，约 1 小时左右，未发现异常。早 6 时许，朱某元与保安代班员吴某在一层巡视一圈，约 30 分钟，未发现异常，在巡视过程中，未发现滚梯的卷帘门已开启，也未发现金大福的柜台被盗。同时，据监控室值班员讲，在凌晨 3 时 25 分，一层 8 号红外线报警器发出报警，周、朱曾出来巡视，未发现异常，认为是误报。此报警器正处于金大福柜台上方。

夜间地下 B1 层的情况：夜间 B1 美食街厅内只有林某一人，从晚 21 时至次日早 9 时值班。林某 21 时上班以后，将滚梯门及 B1 北门关闭，配合商场清场，然后待 B1 的工作人员、顾客走完后，在美食街厅内巡场，约 23 时 30 分许查看各档口的火、电情况（男女厕所不看），在等（此间在厅内看电视）夜间拉泔水人员拉完泔水后（固定走南门），大约在 2 时 30 分锁南门，将滚梯卷帘门抬开约 60 厘米通风，关闭厅内有电灯，在西门门口处摆放四把椅子堵住西门，在椅子上睡觉。美食街有两名内保李某（男，26 岁，住延庆泰安小区 4 楼×××号，电话 136××××9944）、董某（男，25 岁，住河北省张家口市×县，电话 135××××8463）。二人早 9 时至 19 时 30 分工作，夜间住在美食街的办公室内，约 22 时李出来看电视，董在办公室玩电脑，约 1 时李回办公室睡觉。

经查三人均在此处工作一年以上，表现不错，无违法犯罪记录。经与林、李、董三人谈话，询问近期美食街厅各档口及其他人员是否有外来人员留宿情况；是否有人员知道，入夏后夜间将卷帘门抬高 60 厘米的情况，均没有。

同时，林称：22 时 25 分许，最后的七八个客人离开；23 时 30 分许，档口里"面爱面"的四五个员工是最后离开的；2 时 30 分拉泔水人员离开，林将南门封闭，将厅内所有的灯关闭，到西门门口睡觉，5 时许，听见男更衣室方向有两声动静，未起身查看，7 时 30 分将南门打开，开始有工作人员及往各档口送菜人员进出，约 8 时许，林发现有一陌生女子从厕所方向过来，便上前问其是干什么的，该女子称是保洁员，昨天才来的，便从西门走了。约一二分钟，林觉得可疑，追到西门地上出口，问保安员（郭某某，男，24 岁）刚才是否出去过一个女子，是不是地下保洁员。郭某某讲刚才是出去过一个女子，称是保洁员，出去吃早点。郭某某以前也没有见过该女子。后该女子一直未出现。

问题 2：现场模拟如何进行？

四、现场模拟

侦查人员为分析犯罪嫌疑人的作案特点，针对此案进行现场模拟。发现从地下滚梯到金大福珠宝专柜及专柜区域内，是红外线防盗报警系统的盲区。一层及一层以上没有预伏条件，夜间从楼上到一层只能走滚梯，走滚梯会经过防盗报警器。推定犯罪嫌疑人是从外面潜入到 D1 层之后从滚梯进入一层实施盗窃的，或犯罪嫌疑人有可能是提前预伏到 D1 层的。

根据现场勘查，技术人员已将被盗柜台及找回的首饰托盘上的指纹进行提取，再与可以正常接触到柜台及男更衣室的人员进行比对，无结果。6 月 28 日，金大福专柜售货员发现在 2 号木柜内侧壁有脚印（已由技术人员提取），现场再勘查，2 号木柜与 3 号木柜是相通的，长约 120 厘米，具备藏人的条件。通过对现场及现场周边进行调查，大厦的监控器没有拍摄到情况，大厦麦当劳门前的探头是坏的。大厦周边街巷探头拍摄的位置不好，也没有拍摄到情况。

侦查人员召集一层各店负责人开会，布置：各店案发当天有没有发现可疑情况；各店案发后有没有无故不来上班的人员；各店有没有以前的员工，当天又出现的。各店反馈均无情况。侦查人员找 B1 层负责保洁的"某保洁公司"主管赵某某（女，北京人，电话 136×××6733）、领班左某平（女，江西人，电话 131×××9576）调查，近期没有新招保洁员，6 月 25 日有三名保洁员干完当天的工作后离开，三人是干满 15 天试用期被辞退的。公司派往 B1 的保洁员算上赵、左二人共 29 人，分为早班 10 人，由左负责，从早 8 时 30 分开始工作，至 17 时下班，早班应在 8 时许到岗；中班 19 人，由赵负责（同时负责公司在 B1 的全部工作），中午 12 时至 21 时 30 分结束。经调查，25 日早班的保洁员未发现异常情况。24 日晚 24 时许，最后离开的三名保洁员，一名负责卫生间，两名负责洗碗，未发现异常情况。大厦保洁由工美鼎盛劳服公司负责。据负责人李某琴（女，毓秀职工，电话 130×××7153）介绍，共有保洁员 25 人，每日早 7 时 30 分上班，8 时开始工作，至晚大厦关门，平日只负责大厦的保洁工作。未能反映出有异常情况。经向两家负责保洁工作的公司了解，均未发现与林某所说特征相符的女子。经与拉泔水的朱某令（男，42岁，四川省古渗蔺县土城乡大水村××组，身份证号51052563042××××，电话135×××3586）谈话，该人暂住西郊农场南小街，以养猪为生，自2003年以来每天到毓秀大厦拉泔水喂猪用。6月25日凌晨未发现异常情况。在调查近一个月之内，有无人员在B1留宿的情况时了解到。6月22日"枫和铁板烧"装修，有4人工作一夜。已经找到装修负责人郭某华（男，26岁，河南周口市商水县位集镇××村人，电话135×××5195）谈话，装修期间另三人与其同乡同村，装修完就走了。经查看大厦案发当日夜间南门、西门、北门的进出人员登记，没有发现可疑情况。

问题3：如何进行案情分析？

五、案情分析

专案组针对工作情况以及对周边人员的摸排情况进行讨论，分析犯罪嫌疑人的作案特点：犯罪嫌疑人为一人作案，携带作案工具，提前窝藏到大厦内，待到夜深人静时出来作案，作案后再找隐蔽处藏身，等到早上有人出入时伺机逃走。通过调查、分析，此案应为流窜作案。

问题4：如何落实侦查措施？

六、深入追查

200×年7月17日凌晨1时许，王府井书店保安员抓获一名正在王府井书店内盗窃收银台的可疑女子，并扭送到东方广场派出所。派出所立即将此情况上报北京市公安局东城区刑警支队。刑警支队接报后，立即展开工作。

经审查，该女子叫张某莉（女，1977年12月25日出生，汉族，户口所在地：四川省华莹市庆华镇邱家嘴村××组，身份证号：51360119771225××××），该人对盗窃的犯罪行为拒不供认，称自己于7月16日晚，到王府井书店内买书时，因病晕倒在书店里。当醒来时，书店已经关门，其在寻找出口时，被保安员查获。同时，侦查人员在其身上发现两张寄存小票。一张为：北京西站天龙商贸公司小件寄存处的寄存小票；另一张为：北京站顺运通小件寄存处的寄存小票。为此，侦查人员会同东方广场派出所民警立即赶赴上述两处小件寄存处，并领取了张某莉寄存的物品，一个绿色旅行箱及一个手提纸袋。经查看，在由西站天龙商贸公司小件寄存处取回的绿色旅行箱内发现两串编有数字的钥匙，特征与"6·25"特大珠宝首饰被盗案中的两串被盗钥匙相符。随即，侦查人员立即找到毓秀大厦"金大福"专柜的服务员进行辨认，确认了该两串钥匙正是"6·25"案件中被盗的钥匙，为此对张某莉加大了审查力度。经过讯问，张某莉供认了于7月16日晚，进入到王府井书店，并躲在了书店六层的一个架子内，待商店关门后，从架子内爬出，当其正在用随身携带的一把餐刀和酒瓶起子撬位于商场六层的收银台时，被保安员当场抓获的犯罪事实。并交代，其将一个白色手提纸袋藏匿在其躲藏的架子内。

　　侦查人员得此情况后，立即和东方广场派出所民警带领张某莉到王府井书店内确认藏匿地点，并由书店六层东南角的一排柜台背面的架子里，找到了张某莉藏匿的白色手提纸袋。经检查，在该纸袋内发现9600元及4枚戒指（其中3枚镶宝石）、1条项链。经仔细审视，这4枚戒指和1条项链的特征与"6·25"特大珠宝首饰盗窃案中的部分被盗首饰极为相似。侦查人员再次找"金大福"的服务员进行辨认，确认了这4枚戒指和1条项链就是被盗的首饰。至此，确定犯罪嫌疑人张某莉为"6·25"特大珠宝首饰盗窃案的重大作案嫌疑人。

　　问题5：如何审讯犯罪嫌疑人？

七、审讯犯罪嫌疑人

　　侦查人员根据已掌握的线索与证据，与支队领导制订了严密的讯问计划，并令技术队配合工作，提取相关痕迹、物证。通过对犯罪嫌疑人张某莉进行说服教育、思想教育和政策攻心，迫使犯罪嫌疑人在强大的讯问攻势面前低头认罪。该人供认：200×年6月底的一天傍晚，进入到王府井毓秀大厦内，并躲进了大厦B1的女厕所内。待大厦关门后，来到大厦一层"金大福"首饰专柜，用一把随身携带的改锥将其中一个柜台撬开，盗走两串带有编号的钥匙，并利用钥匙打开了一个玻璃展柜，将展柜内的全部首饰盗走。后以16 000余元的价格，卖给了前门附近的一首饰加工店内。经带犯罪嫌疑人指认，确认了收购被盗首饰的具体地点：西打磨厂283号的华益商场黄、白金首饰加工柜台。为固定犯罪证据，侦查人员对犯罪嫌疑人张某莉的供述及盗窃犯罪时行走的路线进行"重现"，全程实地拍摄。

　　问题6：如何形成证据体系？

八、获取赃物

　　200×年7月18日上午10时，侦查人员来到华益商场黄、白金首饰加工柜台，服务员称该店的负责人不在。经事主辨认，在柜台内发现了其被盗的部分首饰。后经对服务员进行耐心细致的谈话教育，联系到了该柜台的负责人。下午4时，柜台的负责人叶某攀（男，47岁，福建省莆田人，现住大红门东门里××号）回到商店。经询问，该人称：于今年6月底的一天，以16 000余元的价格，从一名女子（经辨认，叶某攀指认出张某莉就是卖给其首饰的女子）手中收购了250余件首饰的事实，并在其所开的五个商店内收缴了全部收购来的首饰250余件。经"金大福"专柜的服务员进行辨认，确定犯罪嫌疑人张某莉所贩卖的首饰全部是"6·25"盗窃案中的首饰。